Col patrocinio della

A mio padre
e a mia madre

Carlo Tubi

LA CATTEDRALE PITAGORICA

GEOMETRIA E SIMBOLISMO NEL DUOMO DI FERRARA

NUOVA EDIZIONE RIVEDUTA E CORRETTA

PREFAZIONE

Prefazione

Questo studio si propone di portare un contributo all'interpretazione del simbolismo della cattedrale di Ferrara, partendo dall'ipotesi – di per sé stessa ovvia se pure non ancora esplorata – che i suoi costruttori, concependola come un tutto coerente, ne abbiano coordinato in un unico piano le forme architettoniche e le figurazioni dell'apparato decorativo.

Quando si parla di simbolismo riferendosi a un'opera d'arte medievale, occorre però tenere presente che quella parola non ha lo stesso significato che ci è oggi consueto. Noi oggi facciamo distinzione tra una cosa e il suo simbolo e siamo consapevoli del fatto che il simbolo è una sorta di immagine poetica, di creazione della fantasia che va soltanto a sovrapporsi alla realtà che rappresenta. Per gli antichi e per gli uomini del Medioevo, invece, non vi era distinzione tra il simbolo e la realtà da esso configurata perché le analogie qualitative esistenti tra di essi erano concepite come aspetti della stessa realtà profonda che li trascendeva e che li faceva essere la stessa cosa sotto un diverso aspetto.

L'opera d'arte, perciò, che per noi è a sua volta soltanto una metafora tradotta in un codice formale scelto dall'artista, per la mentalità medioevale era invece la realtà fenomenica stessa che essa rappresentava. E non importa se in apparenza vi era una difformità anche marcata tra il soggetto rappresentato e la sua traduzione artistica, perché l'apparenza fenomenica delle cose non aveva valore di per se stessa; o, meglio, aveva valore solo in quanto capace di evocare e di rivelare la realtà vera e invisibile che la trascendeva. Quello che contava perciò era che l'artista avesse saputo porre dietro la sua opera le forme emblematiche trascendenti che caratterizzavano l'essenza ultima del suo modello.

Non sorprende quindi che in quest'epoca (che poi era soltanto l'erede di quelle che l'avevano preceduta) anche l'architettura potesse essere, al pari della pittura e della scultura, un'arte "rappresentazionale", al di là del suo fine pratico e utilitaristico.

Ebbene questo saggio, come forse ora si potrà meglio comprendere, si propone proprio di individuare il tema configurato dalla cattedrale di Ferrara attraverso l'analisi del codice formale grazie al quale fu possibile tradurlo in forme architettoniche, concepite come veri e propri elementi di un'immagine compiuta.

Punto di partenza della ricerca è stata l'individuazione di una precisa geometria alla base della progettazione dimensionale della costruzione, con l'ausilio della documentazione grafica esistente: un disegno risalente all'inizio del XVII secolo e attribuito all'Aleotti e lo studio ancora oggi valido del Castagnoli, un tecnico incaricato sul finire del secolo scorso di sovrintendere ad alcuni lavori di restauro della cattedrale. Grazie soprattutto al disegno dell'Aleotti ci è possibile conoscere oggi il piano originario del duomo ferrarese (il solo che interessi questo studio), altrimenti perduto sotto il cumulo dei cambiamenti che inevitabilmente si sono stratificati nel corso dei secoli. La copertura e l'interno attuali, ad esempio, che hanno sostituito integralmente quelli primitivi, risalgono al 1712, quando, per porre rimedio a una situazione generalizzata di instabilità statica, si decise di rifarli completamente. Mentre l'abside odierna, più grande di quella originaria, è opera di Biagio Rossetti che la realizzò alla fine del XV secolo per soddisfare le esigenze del capitolo che abbisognava di maggiore spazio.

Anche l'esterno non è rimasto indenne; ma qui gli interventi non sono stati così radicali e permettono ancora sostanzialmente di riconoscere l'aspetto primitivo.

La parte superiore della facciata, innanzitutto, è più tarda della parte inferiore; e non solo presenta un innalzamento delle parti laterali non previsto nel progetto originale, che dà alla linea di copertura l'insolito profilo a tre cuspidi uguali, ma i caratteri stilistici con cui fu realizzata appartengono ormai decisamente allo stile gotico. Mentre la fiancata affacciata a S. Romano, occultata nella parte inferiore da una fila continua di negozi preceduta da un porticato risalente al XIII secolo e più alta di quanto non fosse in origine per l'aggiunta di un loggiato a colonnine binate e archetti "veneziani", ha perduto nello stesso tempo l'importante Portale dei Mesi, che era dislocato a metà della sua lunghezza e fu demolito nel 1717.

I documenti relativi al cantiere e alle fasi della costruzione sono andati purtroppo totalmente perduti. Tuttavia gli studi più recenti hanno saputo ricostruire con una certa ricchezza di dati i caratteri storici salienti degli anni del periodo della fondazione, contribuendo a correggere le notizie di fonte tradizionale, imprecise quando non addirittura artefatte, circa l'ambiente della committenza. Si può infatti ormai affermare con buona sicurezza che l'impresa del nuovo duomo non fu promossa dal vescovo Landolfo e dal maggiore esponente della sua *curia vassallorum*, Guglielmo II degli Adelardi, come voleva una consolidata tradizione, quanto invece dai rappresentanti del nascente comune e del capitolo cittadino, composto anch'esso in grande maggioranza da religiosi di estrazione popolare.

Anche l'identificazione degli autori materiali non presenta problemi, perché la critica più aggiornata indica ormai quasi unanimemente nello scultore Nicholaus anche il responsabile del progetto architettonico.

Aperti restano invece altri problemi, come ad esempio quello inerente la figura e l'origine dello stesso Nicholaus, che è probabilmente connesso con quello della individuazione delle vie attraverso le quali fu introdotto a Ferrara il neoplatonismo emerso in questo studio, che caratterizza il progetto della cattedrale, stante il fatto che in quegli anni non sembra esistesse ancora un centro di studi locale capace di rifletterlo autonomamente.

Il neoplatonismo che giunse a Ferrara ci sembra infatti rispecchiare chiaramente i contenuti dibattuti con fervore, in particolare presso la scuola cattedrale di Chartres, proprio a partire dai primi decenni del XII secolo e rappresenta quindi la punta avanzata della rinascita culturale di quegli anni.

Il linguaggio formale di Nicholaus, invece, lo strumento di cui egli si servì per dar corpo alla sua opera più importante e più matura, è di una ricchezza sorprendente, perché della più ampia provenienza: vi troviamo infatti confluire elementi riferibili al nord della Francia, al suo mezzogiorno, all'ambiente bizantino e all'arte paleocristiana e romana del periodo tardo.

Il risultato non fu però un'opera semplicemente eclettica, quanto invece un'opera che seppe raccogliere tutti i fermenti che stavano per tradursi in un nuovo stile.

Questo vale anche per la decorazione del portale centrale della facciata, il cui repertorio tematico e figurativo sembra anticipare quelli che pochi anni più tardi verranno realizzati nella chiesa abbaziale di St.-Denis presso Parigi e nella stessa più tarda cattedrale di Chartres, le due importanti costruzioni che avviarono e portarono a definizione i caratteri tipici dello stile gotico. Non ci sentiamo tuttavia di spingerci fino ad affermare che Ferrara possa essere stata per qualche aspetto un precedente per St.-Denis; ma neppure ci sembra verosimile che, come alcuni pensano, St.-Denis abbia potuto, al contrario, rappresentare un riferimento per la decorazione del portale ferrarese. È probabile invece che entrambi abbiano raggiunto autonomamente risultati analoghi sulla base di presupposti culturali simili. Ma certamente questo è un problema che merita di essere ulteriormente approfondito.

Per concludere, ci sembra interessante proporre qualche riflessione inerente i criteri di progettazione della cattedrale quali ci sono apparsi in questo studio.

In sintesi, ieri come oggi, il processo progettuale si compendia in due momenti, nel primo dei quali viene definita una forma tipologicamente adeguata alle esigenze di varia natura per soddisfare le quali essa viene realizzata, mentre nel secondo si provvede a dimensionarne le parti per renderle idonee sotto il profilo statico.

Ed è proprio in quest'ultima fase che i metodi del passato possono sembrarci estranei, divaricandosi nettamente da quelli del presente. Oggi, infatti, poiché abbiamo approfondito la conoscenza dei materiali e siamo in grado di valutare teoricamente con buona approssimazione l'intensità e la distribuzione degli sforzi che impegneranno le strutture, possiamo prevederne i comportamenti e assegnare loro dimensioni ottimali. Gli architetti del passato, invece, privi di strumenti di indagine teorica, procedevano necessariamente per via empirica, facendo ricorso alla propria sensibilità e alla tradizione, che in secoli di successi e di insuccessi, aveva portato a codificare un ricco patrimonio di esperienze. Ma non c'è dubbio che, ieri come oggi, i progettisti possedessero la consapevolezza di non dover trasgredire le leggi della natura, pena l'insuccesso. Soltanto che, mentre oggi si ritiene di dover fare riferimento alle leggi che discendono dalla teoria dell'elasticità, i costruttori del passato si proponevano, nell'ambito di una grandiosa visione mistica, di utilizzare le stesse leggi con le quali Dio aveva dato forma all'universo: le leggi armoniche che Pitagora e la sua scuola avevano rivelato fin dal VI secolo a.C. e delle quali in questo studio abbiamo tentato di tratteggiare la storia. Pertanto non vi è differenza nei presupposti "scientifici" di fondo tra ieri e oggi: la differenza sta soltanto nei metodi pratici utilizzati per raggiungere lo scopo, riferibili a due diversi stadi di indagine sulla natura del mondo, o, se si vuole, a due diversi momenti della nostra storia culturale.

Premesse storiche

La costruzione del duomo di Ferrara, concepita negli anni immediatamente successivi alla conclusione della lotta per le investiture, sancita dal trattato di Worms del 1122, è strettamente legata alle vicende politiche europee di quegli anni e alle prime fortune comunali della città.

Per poter inquadrare quegli avvenimenti, che videro per qualche anno Ferrara, ancora diocesi suffraganea di Ravenna, nell'epicentro dello scontro tra Papato e Impero, occorre partire più di lontano.

Attorno all'anno Mille, poco prima che il riconoscimento imperiale dell'ereditarietà sui titoli e sui feudi (1037) rendesse definitivo il frazionamento politico del regime feudale, si cominciarono a risentire in tutta l'Europa i primi benefici effetti indotti dalla relativa stabilità istituzionale garantita dalla dinastia degli Ottoni, che aveva retto l'impero per tutto il secolo precedente. Cessate le continue distruzioni e i saccheggi delle tribù barbariche cominciò a prendere corpo una timida ripresa economica che, producendo qualche miglioramento nelle condizioni di vita, fu seguita in breve dal manifestarsi di un primo diffuso incremento demografico assecondato anche dall'insolita assenza, tra il IX e il XII secolo, delle terribili epidemie che avevano in precedenza periodicamente falcidiato l'Europa[1].

---

[1] Circa il numero di abitanti in quegli anni *«gli storici americani sono i soli ad aver azzardato cifre globali relative a tutta l'Europa, del resto senza essere d'accordo tra loro: secondo Russel, gli abitanti sarebbero stati circa 23 milioni nel 950, 32 milioni intorno al 1100 e più di 50 milioni prima del 1300; Bennet, molto più preciso, valuta in 42*

Non mancarono, naturalmente, tanto nell'XI che nel XII secolo, i momenti di pesante carestia; ma la tendenza al miglioramento, legata ad una accresciuta produttività agricola, divenne costante.

Furono quindi i contadini, in parte per i progressi registrati nel campo della tecnologia degli attrezzi di lavoro, ma soprattutto in conseguenza della torchiatura senza precedenti cui li sottoposero le famiglie feudali e le loro soldataglie non più controllate dal potere centrale, gli artefici loro malgrado del decollo europeo, dopo che la struttura feudale, superata la crisi di fondazione in un clima di grandi violenze, si era in un certo senso stabilizzata[2]. Violenza e ignoranza che restavano in ogni modo fenomeni endemici del mondo feudale, aggravate dal principio di indivisibilità dei feudi, che, escludendo tutti i discendenti ad eccezione del primogenito dalla linea ereditaria, non lasciava agli esclusi molte altre possibilità oltre la carriera delle armi.

Il superamento della fase economica della pura sussistenza, che aveva promosso una maggiore richiesta di beni, e l'accresciuta sicurezza delle vie di comunicazione che consentiva lo spostamento di crescenti masse di pellegrini, avevano però fatto emergere pian piano, tra le maglie di questo mondo sempre instabile e turbolento, nuovi ceti artigiani e mercantili insediati nelle città e nei punti nodali delle grandi vie di pellegrinaggio.

L'evoluzione della ripresa economica avviata nelle campagne promosse quindi la rinascita dei centri urbani, mentre la struttura del mondo feudale, chiusa e rigidamente legata all'economia agricola, cominciava ad essere sottoposta alle tensioni provocate da nuove realtà sociali. I ceti borghesi, infatti, attorno al 1100, raggiunto un peso economico non più trascurabile, cominciarono a cercare uno spazio politico.

---

milioni la popolazione dell'anno mille, per passare ai 46 milioni del 1050, 48 del 1100, 50 del 1150, 61 del 1200 e 69 nel 1250.» R. FOSSIER, *Storia del Medioevo. II: Il risveglio dell'Europa (950-1250)*, Torino, 1985, p. 257 (titolo originale: *Le Moyen Age. II: L'éveil de l'Europe (950-1250)*, Paris, 1982).

2   R. FOSSIER 1985, p. 65.

Ma nel corso dell'XI secolo si erano manifestati anche importanti fermenti di natura spirituale: un crescente numero di religiosi appartenenti agli ordini minori e di persone delle classi popolari che indicava nella compromissione con il potere politico (iniziata con Carlo Magno) la causa principale del profondo degrado morale degli ecclesiastici, spinse il papa Gregorio VII, a partire dal 1075, a porsi alla testa di un movimento riformista che, avocando il diritto di nomina dei vescovi (prerogativa imperiale perché l'imperatore era anche il capo della cristianità) tentava di riportare la Chiesa nell'alveo della sua missione spirituale. Ma questo movimento portò ben presto allo scontro i due poli del potere e provocò una grave spaccatura nello stesso corpo della Chiesa, perché gran parte dei suoi rappresentanti si schierò da principio con l'Impero, nella convinzione che la sacralità della guida imperiale, che aveva le sue radici nella tradizione tardoromana e carolingia, fosse un principio indiscutibile.

E proprio all'affacciarsi del XII secolo, questa lotta cominciò ad aprire spazi di azione e a fornire concrete opportunità alle aspirazioni dei ceti borghesi.

Ferrara, fin dal momento di inizio delle ostilità tra Papato e Impero, si era schierata con il suo vescovo dalla parte dell'imperatore. Il partito filo-imperiale aveva infatti consolidate tradizioni a Ravenna, divenuta sede della corte imperiale nel 402 e per questo elevata a sede metropolitana da Valentiniano III e da Celestino I e svincolata dalla dipendenza da Roma fin dal 431[3]: e quindi la diocesi di Ferrara, come si è detto suffraganea di Ravenna, ne aveva condiviso la scelta di campo.

La dipendenza di Ferrara da Ravenna era basata su un legame che risaliva al suo stesso atto di nascita. Una delle più accreditate ipotesi sulla sua origine ne fa risalire infatti la fondazione alla volontà dell'esarca ravennate Smaragdo che, nel 604, avrebbe fatto costruire in questo sito, nel quadro del potenziamento della linea difensiva sul

---

3 G. PENCO, *Storia della Chiesa in Italia. Vol. I: Dalle origini al Concilio di Trento*, Milano, 1977, pp. 59-60.

Po in funzione antilongobarda, una piazzaforte militare attorno alla quale si sarebbe in seguito aggregato un borgo fluviale[4].

È probabile che gli abitanti di questo borgo, per la particolare dislocazione geografica dell'insediamento, fossero in buon numero, fin da principio, liberi cittadini i cui discendenti si erano trovati ai margini del sistema feudale gestendo in proprio, attraverso associazioni di vicìnia nel cui ambito vigeva la più assoluta pariteticità tra i membri, delle proprietà comuni (beni allodiali) come, per esempio, un mulino, una peschiera, un punto di attracco, un pascolo od un guado. Quindi la dipendenza da Ravenna, certamente onerosa, doveva essere da tempo impopolare per gran parte dei ferraresi.

Il fallimento del tentativo dello stesso metropolita di Ravenna Guiberto, che col nome di Clemente III aveva tentato nel 1080 di riprendere in nome dell'imperatore il controllo della S. Sede facendosi eleggere papa[5] fece però evolvere la situazione in tutta la regione padana, sul finire del secolo, in senso favorevole alle aspirazioni autonomistiche dei ceti popolari.

La sconfitta di Guiberto costò infatti a Ravenna lo smantellamento del suo potere territoriale, perché il papa Pasquale II, tornato padrone della situazione, deliberò con un decreto, confermato l'anno successivo dal concilio di Guastalla (1106), il distacco da Ravenna delle sedi suffraganee dell'Emilia occidentale da Piacenza a Bologna[6].

La contessa Matilde di Canossa, schierata con la S. Sede, nell'intento di togliere a Ravenna l'appoggio logistico di Ferrara, aveva però occupato militarmente la città già fin dal 1101. E Pasquale II, per assecondare il passaggio di Ferrara dalla sua parte e favorire l'insedia-

---

4   Il perimetro e la partizione interna di questo castrum bizantino (Fig. 1), così come il vecchio alveo del fiume, sono ancora perfettamente leggibili nell'odierno tessuto viario cittadino, come mostra S. PATITUCCI UGGERI, *Sviluppo topografico di Ferrara nell'Alto Medioevo*, in *La Cattedrale di Ferrara*, Atti del Convegno nazionale di studi storici tenuto dall'11 al 13 maggio 1979, Ferrara, 1982, pp. 30-33.

5   G. PENCO 1977, p. 264.

6   A. VASINA, *Ferrara e Ravenna tra Papato ed Impero nel XII secolo*, in *La Cattedrale di Ferrara*, Atti del convegno nazionale di studi storici tenuto dall'11 al 13 maggio 1979, Ferrara, 1982, p. 187.

mento del vescovo matildico Landolfo, aveva provveduto, con uno speciale diploma del 1105, a concedere, tra altri benefici, anche l'esenzione del vescovo ferrarese dal metropolita di Ravenna affermando il diritto della sola S. Sede ad eleggerlo e a consacrarlo[7]. Il diploma di Pasquale II, inviato congiuntamente alla *ecclesia ferrariensis* e alla *civitas ferrariensis,* rappresenta inoltre l'importante testimonianza della precoce esistenza a Ferrara di un'organizzazione civica di tipo comunale[8].

Appena pochi anni più tardi, però, nel 1118, il nuovo papa, per assecondare la politica di riavvicinamento a Roma intrapresa da Ravenna, annullò le decisioni promulgate dal suo predecessore a favore di Ferrara. Le relazioni tra la comunità ferrarese e la S. Sede subirono allora un duro contraccolpo che si spinse fino alla rottura, con la sospensione dello stesso Landolfo dalle funzioni vescovili e con la promulgazione di un interdetto nei confronti della città[9].

Tutte queste vicende, che lasciarono per anni Ferrara senza uno stabile centro di potere (Matilde era morta senza eredi nel 1115), finirono per favorire le tendenze autonomistiche dei ceti popolari i cui rappresentanti, i *maiores* e i *minores populi,* poterono rafforzarsi nell'ambito cittadino, così come il gruppo dei canonici della curia raccolti nel capitolo, pure in maggioranza di estrazione popolare, si rafforzarono nei confronti della *curia vassallorum* del vescovo, la quale raccoglieva, oltre ai rappresentanti della feudalità matildica, anche quelli non numerosi della feudalità locale, tra cui primeggiava la famiglia degli Adelardi[10].

---

[7] A. VASINA 1982, p. 187.

[8] A. SAMARITANI, *Religione fra società, politica ed istituzioni nella Ferrara della nuova cattedrale (1130-1177),* in *La Cattedrale di Ferrara,* Atti del convegno nazionale di studi storici tenuto dall'11 al 13 maggio 1979, Ferrara, 1982, p. 63.

[9] A. VASINA 1982, p. 189.

[10] A. SAMARITANI, *Società, cultura ed istituzioni sulle vie di Nicholaus,* in *Nicholaus e l'arte del suo tempo,* Atti del seminario tenutosi a Ferrara dal 21 al 24 settembre 1981, Ferrara, 1985, pp. 650-651.

Ed è proprio nel periodo di maggiore tensione tra Ferrara e Roma, particolarmente acuto nel decennio 1123-1133, che sembra prendere corpo l'idea di erigere un nuovo duomo, concepito e voluto probabilmente soltanto dai rappresentanti comunali e dal capitolo, benché le distorsioni storiografiche introdotte in seguito all'insediamento della signoria e al rafforzamento dei vescovi nei confronti del capitolo abbiano finito per dare credito alla tesi secondo cui il merito dell'iniziativa spetterebbe al vescovo e a Guglielmo degli Adelardi, il *capitaneus* della *curia vassallorum*[11]. Non si può tuttavia escludere che il ruolo determinante, come vedremo, giocato dall'erezione del nuovo duomo nella conquista della disputata autonomia cittadina si possa ascrivere in parte anche alle capacità di mediatore tra le componenti sociali del vescovo Landolfo, benché egli e la sua curia sembrino in seguito prendere le distanze dall'iniziativa, continuando a risiedere per molti anni ancora presso la chiesa palatina di S. Stefano, mentre il capitolo si era trasferito presso la nuova cattedrale fin dall'indomani della consacrazione, avvenuta nel 1135[12].

Tuttavia per suggellare l'avvenuta riconciliazione con Roma (1133), conseguente il riconoscimento a favore di Ferrara dei benefici già ottenuti nel 1105 (da parte di papa Innocenzo II in cerca di consensi a causa di un nuovo tentativo scismatico che lo vide minacciato fino al 1133), Landolfo provvide a far donare al patrimonio di S. Pietro l'area su cui sarebbe sorto o su cui era già in corso di costruzione il nuovo duomo, ceduta probabilmente in precedenza al comune da Guglielmo degli Adelardi per suggerimento del vescovo stesso. In tal modo Landolfo ottenne non solo il concorso di tutte le componenti sociali attorno all'impresa della cattedrale, ma, sviluppando un'operazione vantaggiosa per tutti, mise fuori gioco Ravenna che non avrebbe potuto più rivendicare diritti su una proprietà della chiesa di Roma.

Ma se i contorni dell'operazione che portarono all'emancipazione della diocesi ferrarese sono stati ormai ricostruiti al punto da poter

---

[11] A. SAMARITANI 1985, p. 650.

[12] A. SAMARITANI 1982, p. 149.

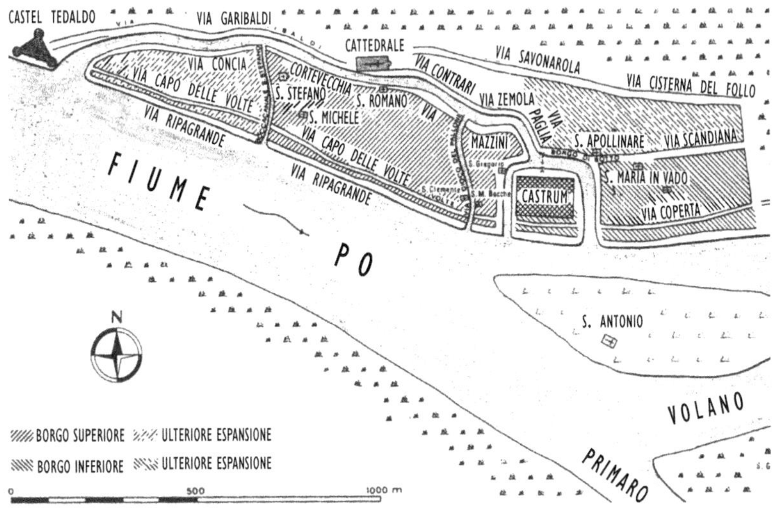

1. Ferrara. Pianta della città negli anni di fondazione della nuova cattedrale.

indicare con attendibile sicurezza nell'ambiente comunale e nel capitolo il primo elemento propulsore, ancora incerta rimane la data di fondazione della costruzione. Le fonti tradizionali, ampiamente rieccheggiate da una raccolta di relazioni tenute nel 1935-36 in occasione delle celebrazioni dell'ottocentenario della fondazione[13], la indicano, sulla base di due epigrafi, nell'anno 1135.

La prima di queste, però, attualmente scomparsa – IL MILE CINTO TREMPTA CINQUE NATO / FO QUESTO TEMPLO A ZORZI CONSECRATO / FO NICOLAO SCOLPTORE / E GLIELMO FO L'AUCTORE – che avrebbe dovuto appartenere all'arco decorato a mosaico che sormontava l'altare maggiore, demolito nel 1712, benché avvalorata dagli storici ferraresi Baruffaldi nelle *Rime scelte de' poeti ferraresi antichi e moderni*, Ferrara, 1713 e Scalabrini nella *Lettera a Bonafede Vitali*, 1768[14], è ormai ritenuta un falso storico. Mentre la seconda, in versi

---

13 AA.VV., *La Cattedrale di Ferrara (1135-1935)*, Verona, 1937.

14 G. BERTONI, *La fondazione della cattedrale di Ferrara e l'iscrizione del 1135*, in *La*

leonini – Anno Milleno Centeno Ter Quoque Deno / Quinque Super Latis Struitur Domus Hec Pietatis – ancora leggibile sulla fronte del protiro, è tuttora oggetto di interpretazioni controverse, perché alcuni vi leggono la data 1135 e altri la data 1130.

L'interpretazione finora più usuale, che accredita il 1135 quale anno di fondazione – Nell'anno 1135 si costruisce questa Chiesa – forse influenzata dal sopra ricordato falso baruffaldiano, ci sembra però discutibile per almeno due motivi. Il primo è il fatto poco verosimile che farebbe coincidere l'anno di fondazione con quello della consacrazione; e il secondo la necessità di dover accettare, in tal caso, quella che ci sembra un'incongruenza grammaticale: per potervi leggere 1135, *quinque*, numero cardinale, dovrebbe infatti accordarsi con *milleno centeno ter quoque deno*, numero, al contrario, ordinale. Per questo siamo propensi a ritenere anno di fondazione il 1130, traducendo l'epigrafe come Questa chiesa viene costruita nel 1130 su cinque navate, che sottolinea anche un fatto, come vedremo, simbolicamente importante, che forse gli epigrafisti volevano proprio mettere in evidenza: la poco consueta suddivisione in cinque navate della pianta originaria.

L'area scelta per la costruzione fu individuata al confine dell'abitato verso nord, in una zona che dovette essere appositamente prosciugata e bonificata (Fig. 1). La sua posizione appare come la più naturale stante la forma molto allungata dell'abitato e la contiguità del suo lato sud con la sponda del fiume[15]: in tal modo, oltre a trovarsi in una posizione pressoché equidistante dalle due estremità dell'abitato, la nuova cattedrale si poneva come polo del futuro sviluppo urbanistico, mentre la vecchia cattedrale, anch'essa dedicata a S. Giorgio ed erede diretta della soppressa sede vescovile di Voghenza, rimaneva isolata e lontana, sull'altra sponda del fiume.

Cattedrale di Ferrara (1135-1935), Verona, 1937, pp. 131-132.

[15] Ricordiamo che Ferrara era stata posta – e nel 1130 era ancora adagiata – sul ramo principale del Po. In seguito alla rotta di Ficarolo, avvenuta nel 1152, il corso principale del Po si spostò più a nord di qualche chilometro, mentre rimase a lambire Ferrara un ramo secondario.

I lavori di costruzione si protrassero per oltre cento anni, benché nel 1135, al momento della prima consacrazione, essi dovessero essere quasi compiuti, se si eccettua la facciata, completata poi con caratteri decisamente gotici. Tuttavia dobbiamo oggi fare qualche sforzo per immaginare l'effetto di maestosità e l'impressione magica che dovevano promanare da una così grandiosa costruzione e dalle sculture dei suoi portali, al cospetto di un piccolo e fangoso borgo fluviale abitato da non più di 15.000 anime e costituito quasi esclusivamente di casupole di legno e di mattoni neppure sempre cotti. Ma forse potrà aiutarci l'eco del trasporto poetico del monaco francese Rodolfo il Glabro, che circa cento anni prima, agli albori dell'età romanica, aveva lasciato scritto, in un passo citatissimo delle sue cronache: *Accadde in quasi tutto il mondo, ma soprattutto in Italia ed in Gallia, che le strutture delle chiese venissero ricostruite, benché molte fossero ancora decorose e non avessero bisogno di questi interventi; ma ogni nazione della cristianità rivaleggiava con le altre a chi avrebbe pregato negli edifici più belli. Sembrava che il mondo si fosse scosso e liberato della propria vecchiaia, e si stesse ovunque vestendo di un bianco abito di chiese*[16].

---

[16] RODULPHUS GLABER, *Historiarum libri quinque*, lib. II, cap. IV, in PL 142, c. 651. Traduzione H. HONOUR - J. FLEMING, *Storia Universale dell'Arte*, Bari, 1982, p. 277 (titolo originale: *World History of Art*, London, 1982).

Lo schema geometrico-proporzionale sotteso al progetto della cattedrale

L'arte romanica, fiorita nei secoli XI e XII, può considerarsi, a pieno titolo, arte sacra. Arte, cioè, elaborata sulla base di canoni formali la cui validità era ritenuta assoluta grazie alla loro presunta origine divina.

Anche il duomo di Ferrara, databile alla fase più tarda del periodo romanico, fu elaborato nell'ambito di questa concezione dell'arte.

Per poterlo provare sarà essenziale dimostrare che il nostro edificio non fu dimensionato in maniera arbitraria; ma che lo fu, al contrario, mediante l'ausilio di un procedimento geometrico avente lo scopo di porre in relazione tra loro le dimensioni della costruzione, instaurando tra di esse rapporti proporzionali ben definiti, corrispondenti a quelli ritenuti costitutivi della struttura intima dell'universo.

Diremo in seguito perché una chiesa dovesse essere costruita con questi criteri e come e perché un procedimento geometrico-proporzionale come quello impiegato (basato, come vedremo, sulla scomposizione di un cerchio in dieci parti uguali) potesse essere ritenuto capace di portare a questi risultati; per ora basterà dire che l'impiego di norme proporzionali in architettura e nelle arti figurative e applicate non era una esclusiva peculiarità dell'arte romanica, perché la presenza di canoni è documentata nella produzione artistica di tutti gli evi storici, dalle origini fino ad almeno tutto il Rinascimento italiano[17].

---

[17] Dei molti studi sull'argomento ci limitiamo qui a citare E. MOESSEL, *Die Proportion in*

Come abbiamo premesso, però, il nostro studio si occuperà soltanto della cattedrale originaria; ed essa, pur essendo in parte oggi scomparsa a causa delle manomissioni anche radicali subite nel corso dei secoli, ci è tuttavia ugualmente nota grazie ad un disegno corredato di misure (Fig. 2) che rappresenta la pianta, le sezioni trasversale e longitudinale e la copertura nello stato in cui si trovavano circa un secolo prima dell'integrale rifacimento dell'interno del 1712, ancora oggi in essere[18].

Anche lo studio della fine del secolo scorso, di cui abbiamo parlato nelle premesse e del quale pure ci serviremo, ci potrebbe ragguagliare sull'interno scomparso; ma, come ammette il suo autore, anch'esso si basa di fatto su quel medesimo disegno[19].

Antike und Mittelalter, München, 1926, che riporta un'ampia documentazione specialmente inerente l'architettura - sul periodo che va dalle origini all'epoca gotica, e R. WITTKOWER, *Principi architettonici nell'età dell'Umanesimo,* Torino, 1964 (titolo originale: *Architectural Principles in the Age of Humanism,* London, 1962), che tratta del successivo periodo rinascimentale. Bisogna però precisare che in realtà i procedimenti di composizione usati dagli antichi e dagli artisti medioevali per introdurre i canoni proporzionali non ci sono noti direttamente e sono soltanto il frutto di congetture abbastanza recenti. Non è infatti a tutt'oggi conosciuto alcun tracciato grafico originale. Anche le fonti letterarie sull'argomento sono al proposito molto discrete e reticenti. Ma questa penuria di documenti non è solo attribuibile alla perdita di molte possibili testimonianze, quanto piuttosto al fatto che, come si sa, la pratica dell'arte e dell'architettura, fino a tutto il Medioevo, era un'attività di tipo iniziatico ed esoterico che prevedeva la trasmissione orale delle conoscenze e l'assoluta riservatezza su di esse da parte degli addetti. Lo stesso trattato di VITRUVIO, il *De architectura,* il solo pervenutoci dall'antichità, risalente al I sec. a.C., il quale riprende esemplificandole le teorie proporzionali sviluppate dai greci cinque secoli prima, ci è giunto malauguratamente del tutto privo delle illustrazioni che lo corredavano. Partendo dagli indizi e dalle notizie parziali di fonte letteraria, specialmente dalle opere di Platone, alcuni studiosi hanno tentato tuttavia, a partire dal secolo scorso, di ricostruire per diverse vie quei procedimenti. Tra queste si collocano le ricerche del MOESSEL, che ci sono servite da guida per l'elaborazione degli schemi proporzionali del duomo di Ferrara. Una completa bibliografia sulla teoria delle proporzioni, sia pure aggiornata soltanto al 1960, si trova in appendice al libro del WITTKOWER sopra citato e alla voce *Proporzione* del vol. XI dell'*Enciclopedia Universale dell'Arte,* Firenze, 1976 (1963[1]).

18	Si tratta del disegno conservato presso la Biblioteca Ariostea di Ferrara (n. 159 della raccolta classificata Ms. Cl. I n. 763) eseguito nel 1628 da G.B. Aleotti e G. Roscello, il solo documento noto che riporti anche la sezione trasversale. Di questo disegno tratta ampiamente A. BONDANINI, *Il rilievo del duomo di Ferrara di G.B. Aleotti e G. Roscello,* in *Contributi per la storia della cartografia ferrarese,* Ferrara, 1981, al quale rimandiamo anche per la completa bibliografia sul duomo di Ferrara.

19	G. CASTAGNOLI, *Il duomo di Ferrara,* Ferrara, 1895.

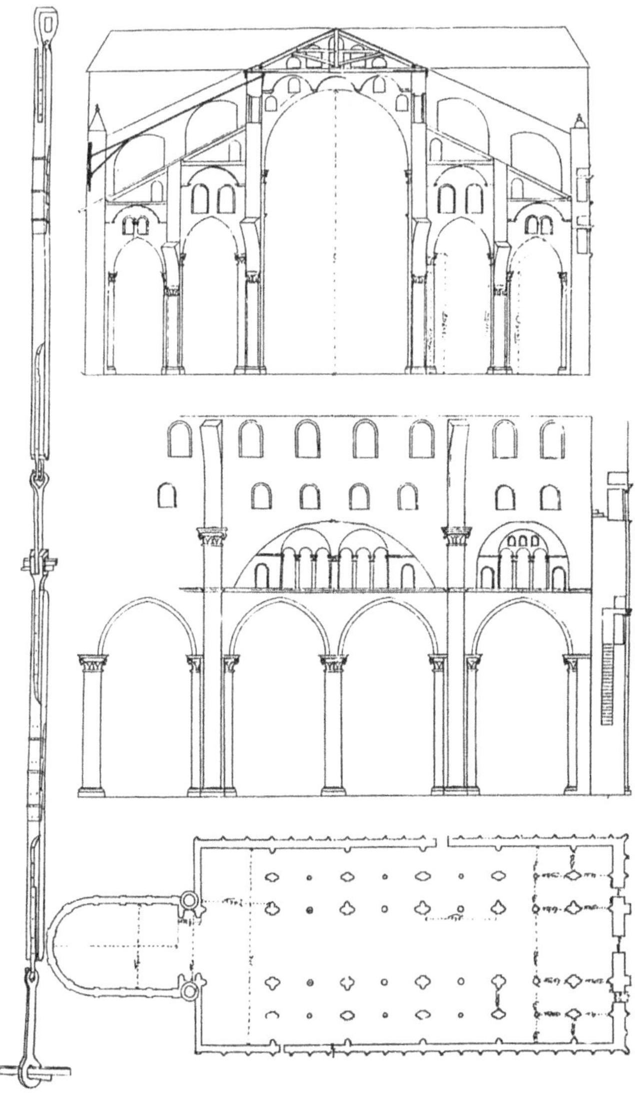

2. Il rilievo attribuito a G. B. Aleotti e G. Roscello, con la pianta e le sezioni della primitiva cattedrale di Ferrara (Biblioteca Comunale Ariostea, Ms Cl I, n. 763, f. 159.

L'esame di questo disegno ci consente dunque di farci un'idea precisa delle caratteristiche tipologiche e strutturali della cattedrale primitiva, che si possono compendiare in alcuni punti:
- pianta di forma basilicale priva di transetto;
- articolazione della stessa su cinque navate;
- unicità del corpo absidale (più piccolo, però, come vedremo, di quello del disegno);
- copertura a capriate su due livelli;
- muri trasversali di irrigidimento, sostenuti da un arcone semicircolare sulla navata centrale e da archi a sesto acuto sulle navatelle;
- assenza della cripta nell'area sottostante l'altare.

Discuteremo più oltre di questi caratteri architettonici, mentre per ora trascureremo l'esame di questo aspetto proponendoci di dimostrare innanzitutto il nostro assunto, dopo aver speso qualche parola sulla presenza di archi a sesto acuto (che riducono le azioni orizzontali di spinta sugli appoggi rispetto a quelli a sesto rotondo di uguale luce) nelle strutture interne originarie. Questo perché gli archi ogivali, tipicamente gotici, potrebbero essere pensati anch'essi come una realizzazione posteriore all'impianto originale.

Invece così non è perché, come è noto, gli archi acuti furono già usati abbastanza diffusamente anche nel tardo periodo romanico, come dimostrano ad esempio le costruzioni cistercensi. Qualche esempio si trova del resto persino in precedenza, se pure eccezionalmente, nel romanico borgognone, provenzale e nel Périgord, dove l'arco acuto venne introdotto sul finire dell'XI secolo dopo la riconquista della Spagna arabizzata o dopo che gli architetti al seguito dei crociati lo avevano osservato nelle costruzioni siriane, armene ed egiziane[20].

Con queste premesse passiamo dunque all'esame dello schema geometrico proporzionale sotteso al progetto della pianta.

---

[20] M. GHYKA, *Le nombre d'or*, Paris, 1959, vol. II, pp. 48-49; R. BECHMANN, *Le radici delle cattedrali*, Casale Monferrato, 1984, pp. 159-161 (titolo originale: *Les racines des cathédrales*, Paris, 1981); O. VON SIMSON, *The Gothic Cathedral*, Princeton and London, 1962, pp. 56 e 118; H.E. KUBACH, *Architettura romanica*, Milano, 1978, p. 127.

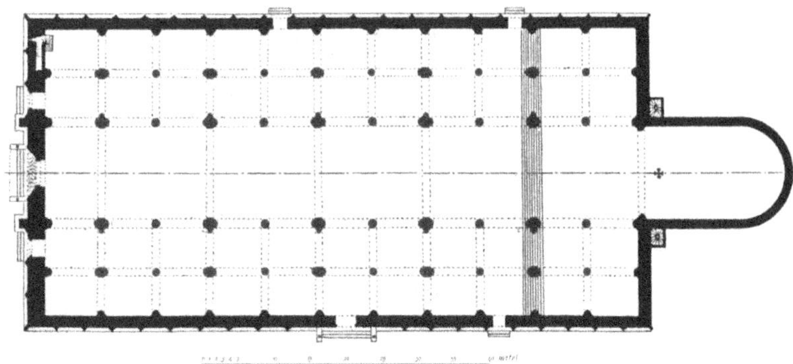

3. Pianta della primitiva cattedrale di Ferrara secondo il Castagnoli.

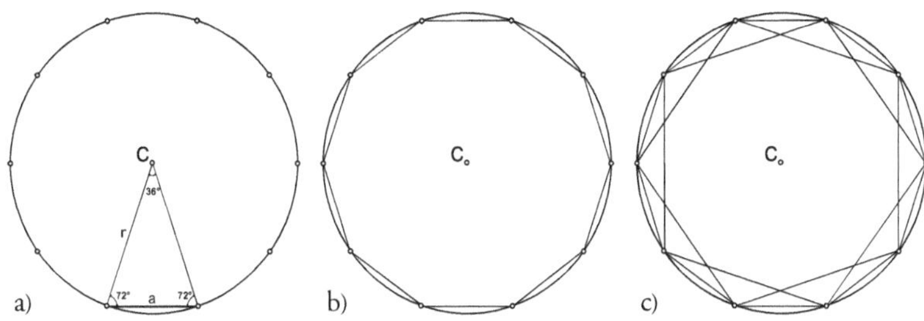

4. a) Tracciamento di un cerchio a partire da un segmento considerato lato del decagono inscritto e sua scomposizione in dicei parti. b) Decagono inscritto. c) Pentagoni intrecciati ottenuti congiungendo alternativamente i dieci vertici.

Per semplificare l'esposizione elaboreremo in un primo tempo separatamente gli schemi geometrici inerenti la pianta e la facciata; ma, come potremo constatare in seguito in una tavola di insieme, riteniamo probabile che il progetto nella sua totalità sia stato sviluppato dall'architetto con un unico disegno capace anche di fornire lo schema della sezione trasversale.

Rilevate dunque direttamente sul monumento le misure di quanto resta della pianta (praticamente il solo perimetro esterno, e, come vedremo, le vestigia delle antiche pilastrate longitudinali) e presa per base la rielaborazione della pianta dovuta al Castagnoli (Fig. 3) – che aveva sostituito l'abside del disegno dell'Aleotti con una più piccola, ipotetica, basata, in mancanza d'altre notizie, sulle *proporzioni solite dei cori dell'epoca*[21] – ci siamo posti il problema della individuazione del dato da cui avrebbe dovuto prendere le mosse il progettista se, come volevamo provare, egli avesse dimensionato la pianta ricorrendo al procedimento geometrico cui abbiamo accennato più sopra. Procedimento che, come apparirà più chiaramente in seguito, non veniva utilizzato per decidere la forma da dare alla costruzione, ma soltanto per attribuire, ad una forma stabilita in precedenza, «appropriate» proporzioni.

Come è facile comprendere, l'esistenza di uno schema geometrico alla base del processo di progettazione delle dimensioni introduce tra di esse un legame, a causa del quale, quando fosse data una qualsiasi di esse, le altre risulterebbero tutte note.

L'elemento di partenza fu ben presto identificato nella larghezza della chiesa, forse la dimensione di per sé più qualificante. Questa misura (m. 40,28) era infatti risultata così vicina al corrispettivo in metri di 100 piedi ferraresi (m. 40,39)[22] da far pensare che 100 piedi fosse la misura che i costruttori si erano prefissi di realizzare, per incarico di una committenza che rivelava in tal modo l'ambizione di porre mano ad una costruzione di grandi dimensioni, comuni nella successiva epoca gotica, ma ancora tutt'altro che consuete in età romanica.

Prima di discutere gli schemi geometrici sottesi dal progetto dimensionale sarà opportuno premettere alcune semplici nozioni geometriche che faciliteranno la comprensione delle successive costruzioni.

La scomposizione di un cerchio in dieci parti uguali equivale all'individuazione, sul suo perimetro, dei dieci vertici del decagono regolare inscritto nel cerchio; e, poiché i raggi uscenti dagli estremi

---

[21] G. Castagnoli 1895, pp. 67-68.

[22] Il piede ferrarese, divisibile in 12 once, corrisponde a m. 0,4039. Cfr. G. Castagnoli 1895, p. 67.

di un lato del decagono inscritto formano con il lato stesso angoli di 72° (Fig. 4a), se si vuole costruire un cerchio avente per decagono inscritto quello di lato a, se ne individueranno innanzitutto il centro e il raggio spiccando dagli estremi di a due semirette inclinate di 72°. Quindi, tracciato il cerchio e riportato su di esso a per dieci volte, si otterranno i punti cercati, configurabili come vertici del decagono inscritto (Fig. 4b) oppure come vertici di due distinti pentagoni, l'uno ribaltato rispetto all'altro (Fig. 4c).

Ciò premesso (Fig. 5) tracciamo un segmento AB uguale a 100 piedi ferraresi (ovvero 40,39 m.) e dividiamolo in tre parti uguali mediante i punti P_1 e P_2 (coincidenti con le intersezioni tra AB e gli assi delle pilastrate longitudinali più interne). Pensato AB come lato di un decagono, non abbiamo alcuna difficoltà a disegnare il cerchio che lo circoscrive e ad indicare su di esso tutti i vertici del decagono stesso. Dopo di che, mediante il tracciamento di alcune corde del cerchio come mostra la figura (due delle quali, uscenti perpendicolarmente ad AB dai suoi estremi, definiscono la linea esterna dei muri laterali), si ha la possibilità di individuare immediatamente tanto la giacitura del lato di fondo A'B' che il centro O del semicerchio absidale. In tal modo, con l'eccezione del muro del coro, di cui si conosce soltanto l'asse, abbiamo ricostruito tutto il perimetro esterno della pianta.

Per avere infine anche il filo esterno del muro absidale, è sufficiente traslare l'asse di 1,5 piedi (0,605 m.), nella verosimile ipotesi che lo spessore complessivo di questo muro sia uguale al diametro delle colonne delle pilastrate per P_1 e P_2 pari a 3 piedi[23].

Le posizioni degli assi delle pilastrate per P_3P_4, infine, non riconducibili alla scomposizione del cerchio come il resto della pianta, si trovano semplicemente dividendo in due parti uguali i segmenti AP_1

---

[23] La misura delle colonne è fornita dal CASTAGNOLI 1895, pp. 66-67. Il muro dell'appendice absidale, del resto, è la prosecuzione dei muri, aventi pure lo spessore di 3 piedi, sovrastanti le pilastrate P_1 e P_2 (Si veda oltre la Fig. 13). È anche il caso di far osservare a questo punto che la nostra ricostruzione della pianta convalida la forma e le dimensioni dell'abside ipotizzata dal Castagnoli.

+ 1,5 piedi e BP_2 + 1,5 piedi, ossia le distanze tra A e B e, rispettivamente, le linee di tangenza delle colonne per P_1 e P_2 dalla parte della navata centrale.

Abbiamo così disegnato, a meno degli assi trasversali dei colonnati di cui parleremo più avanti, lo schema proporzionale teorico della pianta che, per poter essere accettato come possibile equivalente di quello elaborato dall'architetto, dovrà confermare le misure della pianta riscontrabili sul monumento.

E di fatto, come mostra il confronto tra i dati provenienti dal calcolo e quelli ottenuti dalla misurazione diretta che abbiamo riportato alla Tabella 1 (ove le misure sono date in metri piuttosto che in piedi ferraresi per la maggiore dimestichezza con questa unità di misura) le differenze risultano così modeste da poter essere considerate trascurabili.

Quanto alle misure degli interassi tra le pilastrate P_1, P_2, P_3 e P_4, va precisato che esse sono ancora oggi rilevabili concretamente – ad onta della totale distruzione dell'interno – perché nell'attuale atrio del duomo, a ridosso del muro di facciata, sono stati ripristinati, nel corso di restauri risalenti al 1932, i basamenti originari delle semicolonne di avvio.

Tabella 1

Elemento della pianta	Misura	
	rilevata	teorica
Larghezza esterna - *lato di facciata (AB)* - *lato di fondo (A'B')*	40,28 -	40,39 40,39
Lunghezza esterna, esclusa l'abside - *fianco nord (AA')* - *fianco sud (BB')*	87,35 87,07	87,11 87,11
Lunghezza esterna, compresa l'abside	-	107,91
Interasse pilastrate P_1P_2	13,50	13,46
Interasse pilastrate P_3P_4	26,30	26,32

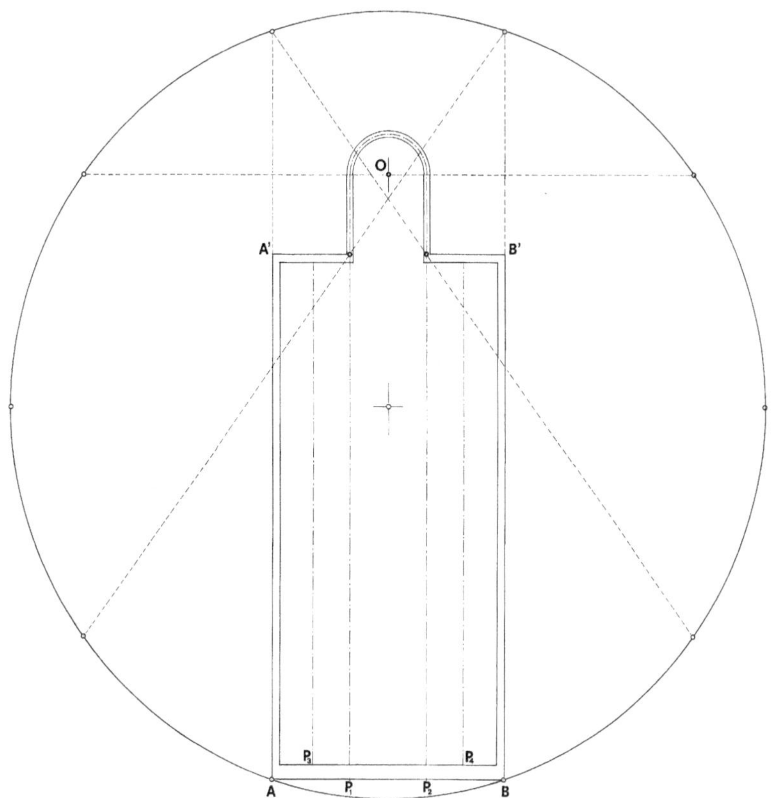

5. Lo schema geometrico-proporzionale sotteso alla pianta.

Passando allo schema della facciata, occorrerebbe innanzitutto indicare le parti che dovrebbero essere trascurate in quanto non appartenenti al momento primitivo. Ma la ricostruzione fornita dal Castagnoli può essere considerata una base attendibile su cui lavorare (Fig. 6).

Prima di procedere all'elaborazione dello schema proporzionale è però necessaria un'ulteriore premessa, indispensabile per stabilire la quota zero di riferimento delle misure altimetriche, perché il disegno del Castagnoli sopra citato contempla cinque gradini per accedere alla soglia del portale centrale mentre oggi, nella realtà, se ne contano soltanto tre.

L'attuale sistemazione a due livelli dell'area antistante la cattedrale è il risultato, come è noto, di lavori di scavo e pavimentazione realizzati nel 1924. Il cedimento progressivo del terreno sottostante le fondazioni a cui si aggiunse l'accumulo di detriti causato da ripetute alluvioni, avevano portato nei secoli la base del duomo al di sotto del livello della piazza, rendendone necessaria la dissepoltura. Ai tempi del Castagnoli, però, lavori a questo scopo erano ancora soltanto auspicati e la base del tempio si trovava coperta per circa un metro. Perciò, per realizzare il suo disegno il Castagnoli fu costretto a ricorrere a dei sondaggi esplorativi, a proposito dei quali, trattando proprio

6.   Facciata della primitiva cattedrale di Ferrara secondo la ricostruzione del Castagnoli.

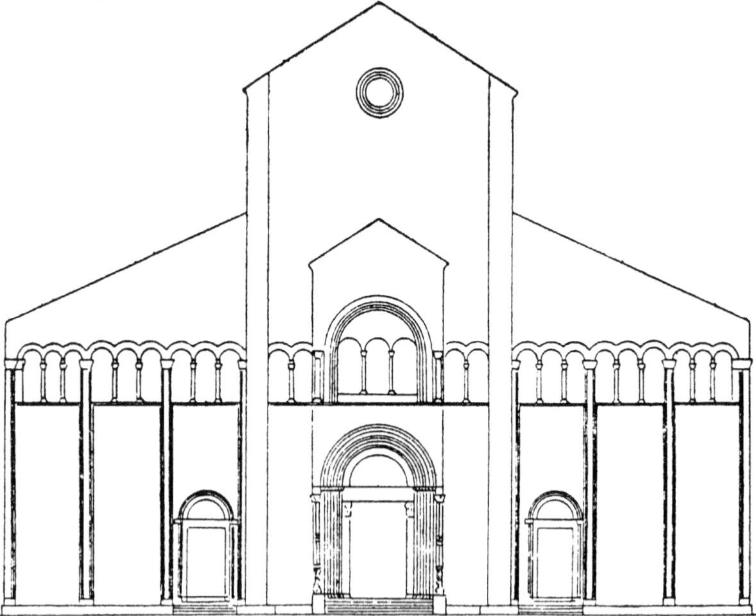

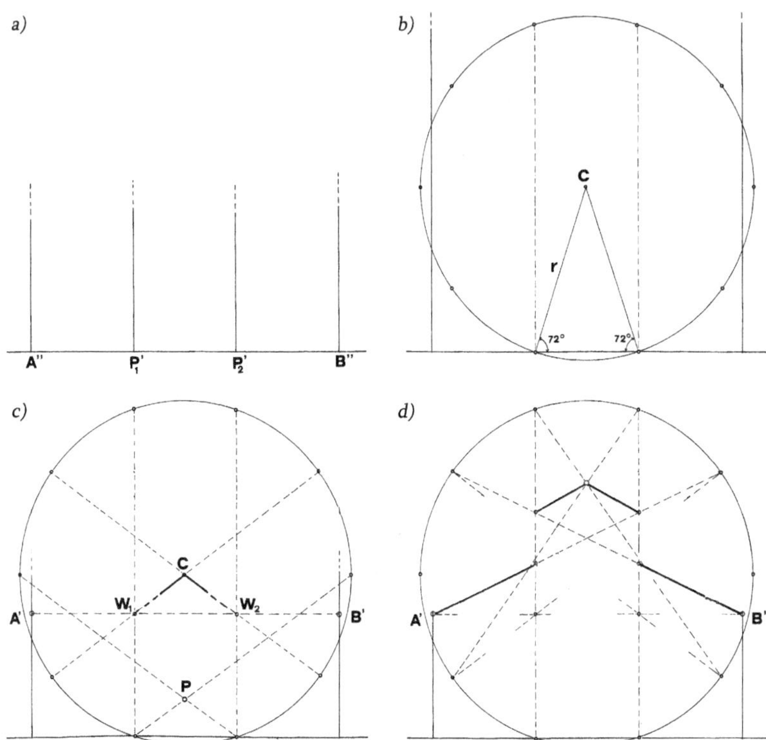

7. a) b) c) d) Le prime quattro fasi di elaborazione dello schema geometrico-proporzionale sotteso alla facciata romanica.

delle gradinate antistanti gli ingressi, egli riferisce che *dinanzi ad ogni porta c'erano alcuni gradini che permettevano di scendere dalle soglie sul piano della piazza. Questi gradini ora appariscono levati davanti alla porta mediana, e ciò fu fatto, assai probabilmente, nel 1829, quando, per allargare la palificazione sotto ai due leoni che allora si rinnovavano, occorreva scoprire il terreno*[24]. Da quanto

---

[24] G. CASTAGNOLI 1895, p. 102. I leoni e i telamoni che sostengono attualmente le colonne del protiro del portale centrale di facciata sono copie più grandi degli originali di circa il 10%. Questi ultimi si trovano ora invece nell'atrio del duomo.

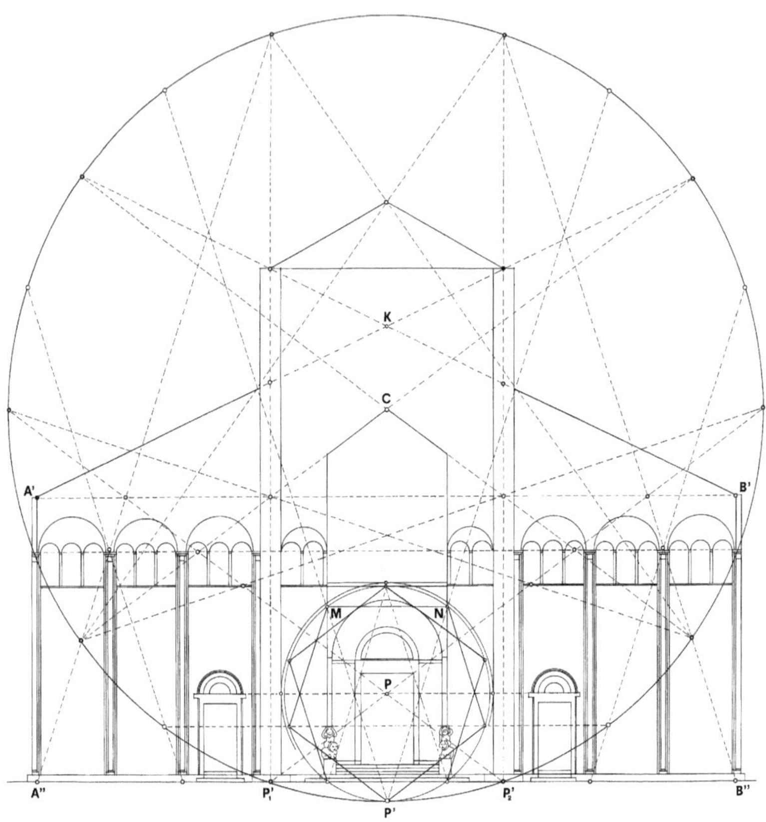

8.   Lo schema geometrico-propozionale sotteso alla facciata romanica.

rilevò egli decise tuttavia che il dislivello era tale da corrispondere a cinque gradini; per cui non sappiamo spiegare come mai, se non con l'intento di non infossare troppo il sagrato, nonostante le osservazioni dirette possibili durante i lavori, gli autori della sistemazione abbiano adottato la quota attuale, più alta del dovuto di circa 30-35 cm. Sta di fatto che la quota zero corretta, coincidente con il primitivo livello della piazza, come prova la ricostruzione grafica della facciata, è in realtà quella prevista dal Castagnoli.

Lo schema geometrico già utilizzato per la pianta però, nel caso della facciata, prevede una variante: il segmento di partenza (lato del decagono inscritto nel cerchio) non è più, come in precedenza, l'intera larghezza della chiesa, ma soltanto il suo terzo medio (in pratica il precedente segmento P_1P_2) corrispondente all'interasse tra i contrafforti di sezione rettangolare.

Articolando dunque la ricostruzione grafica della facciata in cinque fasi, per ragioni di chiarezza, cominciamo con il disegnare il segmento A"B" = AB (Fig. 7a) corrispondente all'intera larghezza. Quindi, dopo averlo diviso in tre parti uguali mediante i punti P'_1 e P'_2 ($P'_1P'_2 = P_1P_2$), spicchiamo le perpendicolari ad esso da questi punti e dai punti estremi. Quindi (Fig. 7b), sulla base del segmento $P'_1P'_2$ pensato come lato del decagono, disegnamo il cerchio fondamentale e i vertici mancanti. Mediante il tracciamento di alcune corde (Fig. 7c), cominciamo ad individuare i primi elementi significativi della facciata: il vertice C e le falde di copertura della parte superiore dell'incompiuto doppio protiro romanico, il punto P che sarà il centro di un cerchio minore che servirà per la progettazione dimensionale del portale e del protiro e i punti W_1 e W_2 che consentono di tracciare la retta orizzontale che interseca le verticali estreme nei punti A' e B', che rappresentano le tracce delle linee di gronda delle falde laterali di copertura.

Non ritenendo poi necessari ulteriori commenti, osserviamo (Fig. 7d) come sia possibile completare il perimetro della facciata romanica mediante l'individuazione della giacitura delle falde su due livelli della copertura.

Infine (Fig. 8), ricorrendo ai vertici di un'ulteriore scomposizione del cerchio – indicata con circoletti più chiari – che non modifica i contenuti simbolici (mantenendo la scomposizione nell'ambito dei multipli di dieci) ma consente di realizzare un maggior numero di combinazioni dimensionali, possiamo ricostruire anche la partizione interna della facciata, individuando la posizione delle semicolonne che campiscono le parti laterali e le linee di imposta delle colonnine del loggiato e dei suoi archetti. La facciata è così risolta in ogni sua parte ad eccezione del portale, per il quale elaboreremo uno schema apposito.

Prima di procedere, anche in questo caso, alla verifica della validità della ipotetica ricostruzione della facciata mediante il confronto tra alcune misure teoriche e le loro corrispondenti tratte dal monumento, riteniamo però interessante sovrapporre lo schema risolutivo anche al disegno della facciata attuale (Fig. 9): questo perché, oltre a constatarne la convincente aderenza, se ne può trarre la conclusione che i costruttori gotici non soltanto conoscevano lo schema romanico, ma che vi si riferirono per stabilire le linee di imposta dei loro loggiati e delle loro archeggiature.

Passando infine alla Tabella 2, dal raffronto tra i dati otteniamo anche la conferma numerica della validità dello schema proporzionale proposto.

Tabella 2

Elemento della facciata	Misura	
	rilevata	teorica
Larghezza complessiva, escluse le semicolonnine d'angolo (A''B'')	40,28	40,39
Interasse tra i contrafforti (P'$_1$ P'$_2$)	13,44	13,46
Quota d'imposta colonnine del loggiato	10,90	10,89
Quota d'imposta archetti del loggiato	12,82	12,80
Campiture delle semicolonne - lato sinistro della facciata, dall'esterno verso il centro - lato destro della facciata, dall'esterno verso il centro	4,24-4,32-4,17 4,22-4,23-4,25	4,24 4,24

9. Sovrapposizione dello schema geometrico-proporzionale della facciata romanica alla attuale facciata del duomo di Ferrara.

Alla Fig. 10 riportiamo infine lo schema geometrico proporzionale del portale che, come già si era detto, risulta a sua volta riconducibile alla scomposizione di un cerchio in dieci parti (integrata da alcuni vertici aggiuntivi).

Poiché questo elemento architettonico è parte integrante della facciata, i dati che consentono di risalire al suo cerchio di riferimento (centro P e raggio PP'), nonché di scomporre quest'ultimo nel modo consueto, sono già tutti presenti nella Fig. 8. Ma la scomposizione in dieci parti è questa volta ottenuta in modo un po' diverso dal solito. Essa si basa, infatti, sulla conoscenza del segmento MN (corrispondente alla larghezza del protiro e individuabile come appare in Fig. 8) che rappresenta il lato del pentagono inscritto nel cerchio. Riportando questo segmento dapprima a partire da M e da N e poi dai loro omologhi M' e N', si ritrovano due pentagoni capovolti l'uno rispetto all'altro i cui vertici, nell'insieme, forniscono la scomposizione denaria cercata.

10. Lo schema geometrico proporzionale sotteso alla parte inferiore del doppio protiro ferrarese

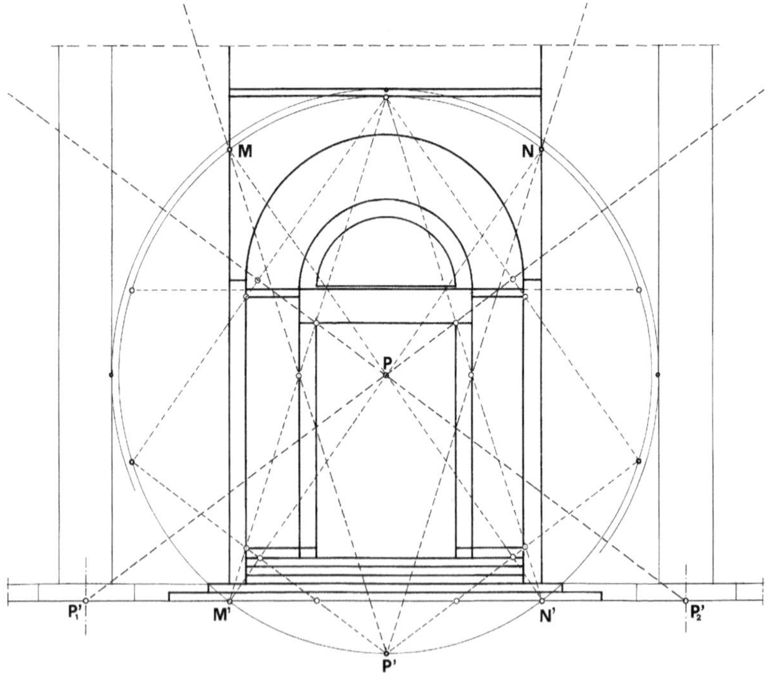

La Fig. 10, che ricostruisce in dettaglio le proporzioni del portale, non ci sembra, dopo queste premesse, richiedere altri commenti fuorché per precisare che la quota superiore del fregio che separa i due livelli del protiro è data dal punto più alto di un secondo cerchio di centro P e tangente ai contrafforti rettangolari.

Anche per convalidare i risultati dello schema di Fig. 10 non resta che effettuare i consueti confronti, che limitiamo in questo caso a pochi elementi, sufficienti tuttavia per trarne conclusioni eloquenti.

Tabella 3

Elemento del portale	Misura	
	rilevata	teorica
Larghezza del protiro (MN)	6,97	7,00
Dimensioni del vano d'ingresso	$5,05 \times 3,10$	$5,04 \times 3,11$

Non mancano ora che gli schemi proporzionali delle sezioni trasversale e longitudinale.

Ma, prima di procedere alla loro ricostruzione, dobbiamo mostrare come i disegni risolutivi della pianta e della facciata siano tra loro interconnessi; o, per meglio dire, come, dallo schema geometrico della pianta, conformemente ad una prassi progettuale ampiamente esemplificata dal Moessel, sia stato possibile derivare gli schemi proporzionali dell'alzato della costruzione.

A questo scopo occorre innanzitutto (Fig. 11) ridisegnare lo schema della pianta, come già si è fatto in precedenza (Fig. 5). Quindi, dopo aver aggiunto alla scomposizione principale alcuni vertici secondari (indicati con circoletti più scuri), passiamo a tracciare le corde che per intersezione tra loro individuano il punto C e, per intersezione con gli assi delle pilastrate per P_1 e P_2, danno i punti P'_1 e P'_2. Disponiamo in tal modo del centro (C) e del raggio (CP'_1) del cerchio di riferimento della facciata, nonché del lato del decagono ad esso inscritto $(P'_1 P'_2)$.

Ci ritroviamo quindi nelle condizioni della Fig. 7b e, per ricostruire la facciata, non resta che procedere come alle Figg. 7c, 7d e 8, facendo osservare come i punti A' e B' della pianta vadano a coincidere con i punti A' e B' della facciata.

Anche la sezione trasversale, di cui ora ci occuperemo, discende dalla Fig. 11.

Nella ricostruzione del suo schema proporzionale, però, a causa della scomparsa dell'interno originario della cattedrale, non potremo alla fine procedere al confronto tra dati reali e dati teorici. Pertanto lo schema elaborato alla Fig. 12 non potrà godere del conforto della usuale verifica; né il ricorso alle consuete fonti – il disegno dell'Aleotti e lo studio del Castagnoli – è in grado di sopperire alla mancanza dei dati di misura.

Il primo, ad esempio, oltre a riportare quote altimetriche di cui non abbiamo saputo leggere le parti decimali, non essendo stato tradotto in scala con sufficiente precisione, non può essere utilizzato per estrapolare le misure non quotate. Per di più, le misure che fornisce relativamente alla larghezza delle campate devono essere considerate inesatte perché la loro somma non corrisponde alla larghezza interna complessiva della chiesa (m. 37,76) che abbiamo potuto verificare sul monumento come esatta e che il disegno riporta a sua volta peraltro correttamente.

Quanto ai dati riportati dal Castagnoli[1], non mancano di suscitare a loro volta qualche perplessità. Oltre a riprendere infatti la medesima incongruenza già lamentata per il disegno dell'Aleotti circa la misura della larghezza totale interna della chiesa e dei suoi parziali, vi troviamo anche altre contraddizioni. Tra queste soprattutto l'errata conversione in metri di alcune misure riferite in piedi, come, per fare un solo esempio, il caso di 15,10 piedi che viene tradotto in m. 6,39 anziché in m. 6,10.

L'ipotetica ricostruzione della sezione trasversale quale appare alla Fig. 12, tuttavia, prende le mosse come si è detto dalla Fig. 11, nella

---

[1] G. Castagnoli 1895, p. 67.

quale sono già presenti gli elementi del suo cerchio di riferimento (il centro C e il raggio CH). La scomposizione principale in dieci parti di questo cerchio, invece, deriva, per proiezione, dalla corrispondente scomposizione del cerchio ad esso concentrico usato in precedenza per il disegno della facciata. Ma, mentre per poter tracciare le corde da cui si traggono le quote delle imposte degli archi longitudinali e trasversali occorre rifarsi anche ad alcuni vertici della scomposizione

11. Il progetto geometrico-proporzionale complessivo della primitiva cattedrale di Ferrara che esplicita la relazione di interdipendenza tra pianta ed alzato.

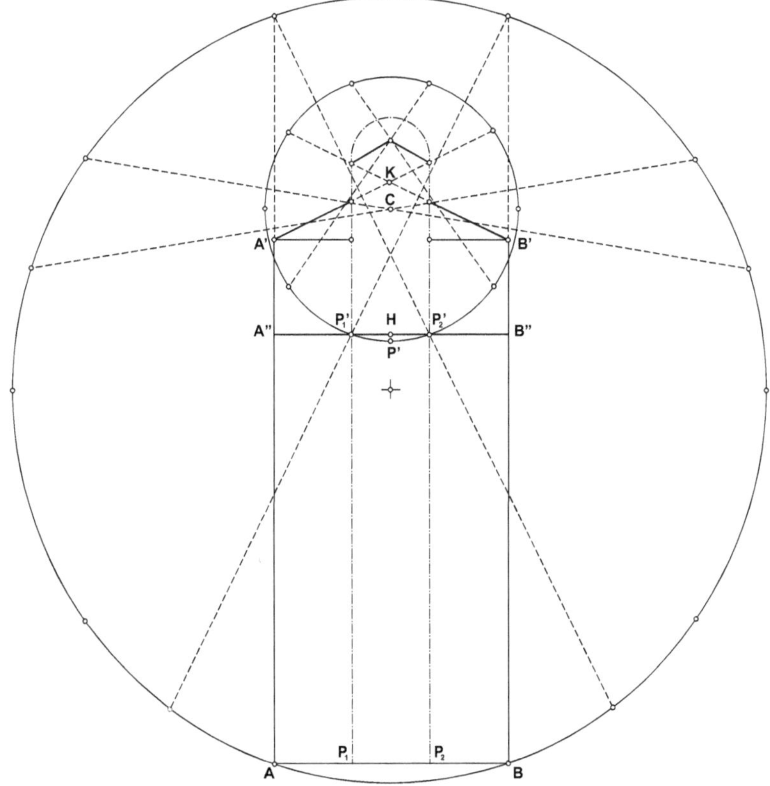

sussidiaria, per ricostruire le linee di copertura della cuspide centrale si parte dal punto K di posizione nota (Fig. 11), per procedere poi come appare alla Fig. 12.

Compiliamo tuttavia la Tabella 4, per mettere a confronto i dati teorici derivanti dallo schema con quelli ripresi dall'Aleotti e dal

12. Lo schema geometrico-proporzionale sotteso alla sezione trasversale.

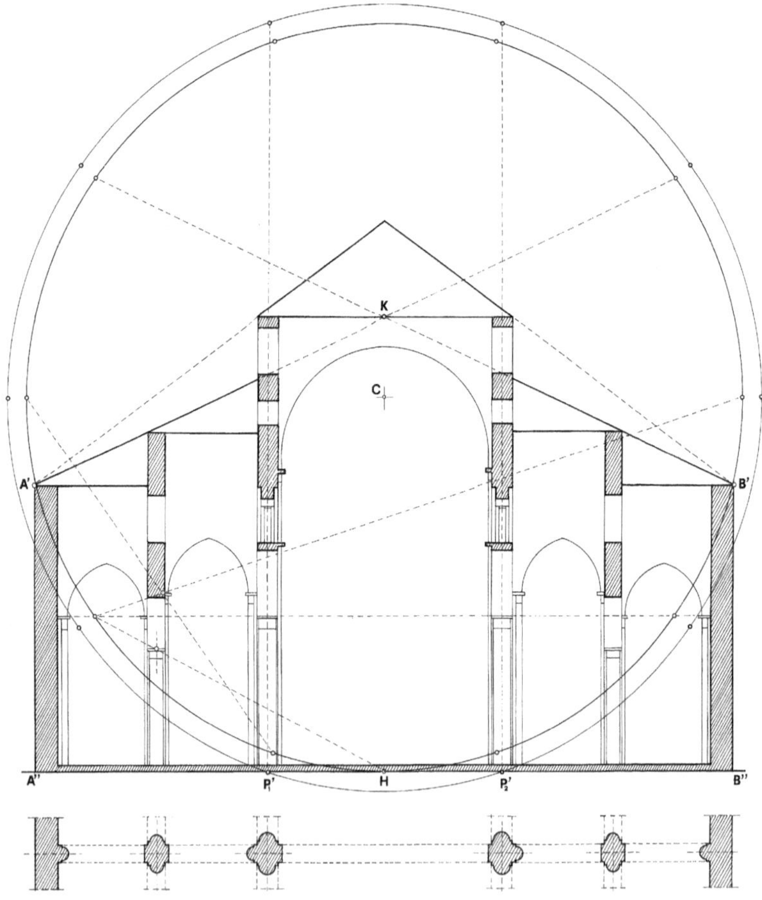

Castagnoli, precisando che le misure (in metri) che riportiamo hanno ora per riferimento la quota del pavimento interno, posta a m. 0,37 (0,916 piedi) sopra la precedente quota zero.

Tabella 4

Elemento della sezione trasversale	Misura		
	teorica	Aleotti	Castagnoli
Larghezza totale interna	37,76	37,76	37,76
Quote d'imposta archi longitudinali			
- pilastrate P_1 e P_2	8,16	8,11?	8,25
- pilastrate P_3 e P_4	6,33	6,31?	6,39
Quote d'imposta archi trasversali			
- capitelli arcone centrale	16,33	-	-
- navate più esterne	8,16	8,11?	8,25
- navate più interne	9,44	9,32?	9,55
Quota del fregio marcapiano dei muri longitudinali	12.21	-	-
Quota del soffitto della navata centrale	24,79	-	-

Non resta infine che disegnare lo schema della sezione longitudinale (Fig. 13).

Di questa conosciamo già tutte le dimensioni, derivate ovviamente, dalla sezione trasversale, ad eccezione del passo delle campate, la cui definizione, come si ricorderà, era rimasta sospesa al momento della elaborazione dello schema della pianta.

Definendo campata la distanza intercorrente tra gli assi dei pilastri (che si alternano alle colonne nel sostegno dei muri longitudinali interni, come si può vedere alla Fig. 3), abbiamo una suddivisione della chiesa nel senso della lunghezza in cinque campate e mezza; ovvero, se prendiamo come passo la distanza tra due sostegni consecutivi senza fare distinzione tra colonne e pilastri, in undici semicampate.

Secondo le misure riportate dal disegno dell'Aleotti il passo delle campate non è però costante; per la precisione si ha: dal filo interno del muro di fondo all'asse del primo pilastro dal fondo, m. 14,42; per le quattro campate successive la misura costante di 15,51 m.; infine, per la semicampata a ridosso della facciata, la misura di 6,87 m. Il totale della lunghezza interna della cattedrale risulta perciò di m. 83,33.

Se togliamo dalla lunghezza esterna (m. 87,11) la lunghezza interna (m. 83,33) e lo spessore del muro di facciata (m. 2,42 pari a 6 piedi), resta, per il muro di fondo, uno spessore di m. 1,36 (3,37 piedi), che corrisponde a quello verosimilmente realizzato per la costruzione originaria[1].

L'adozione di un interasse non costante quale quello riportato dall'Aleotti, tuttavia, che a prima vista può apparire immotivato – sembrando più ovvia e naturale una semplice divisione della lunghezza in 5,5 parti uguali – trova invece una precisa giustificazione nell'esame della Fig. 11. I 14,42 m. della campata di fondo corrispondono infatti praticamente al segmento A'A'' (15,83 m.) cui sia stato tolto lo spessore del muro (1,36 m.); mentre l'interasse costante delle quattro campate successive (15,51 m.) coincide con il segmento precedente (14,42 m.) aumentato del tratto HP' (1,06 m.). L'ampiezza della restante semicampata, infine, a ridosso della facciata, non è nient'altro che quello che manca per coprire l'intera lunghezza interna.

L'esame del progetto dimensionale della cattedrale che ci eravamo proposti è così completo; e risulta, come volevamo dimostrare, strettamente legato al procedimento di scomposizione di un cerchio in dieci parti.

---

1 La lunghezza totale interna attuale (rilevata direttamente) è di m. 82,51 anziché di m. 83,33. Questo perchè il muro di fondo (non misurabile direttamente) ha ora uno spessore valutabile in circa m. 2,20, di certo staticamente ingiustificato nella costruzione primitiva. Il CASTAGNOLI, pur conoscendo il disegno dell'ALEOTTI o quanto meno una sua copia, sembra però accreditare la misura di m. 82,51 avendola probabilmente riscontrata personalmente: nella sua ricostruzione della pianta, infatti, (Fig. 3), letta in scala, la misura della lunghezza totale risulta minore di quanto dovrebbe di circa 80 cm. Ci sembra probabile però che egli nutrisse qualche dubbio circa questo dato perché, nell'elenco di misure che fornisce alle pp. 66 e 67 del suo volumetto, trascura tutte le misure longitudinali.

Le misure deducibili dagli schemi proporzionali della pianta, della facciata e delle sezioni saranno perciò da ritenere quelle che si prefiggevano di realizzare i costruttori, e, per conseguenza, quelle di cui ci serviremo per calcolare i loro rapporti. Ma questo passo ulteriore sarà possibile soltanto alla fine del prossimo capitolo, quando avremo definito i valori numerici simbolicamente significativi.

13. Schema dimensionale delle pareti della navata centrale: le due prima campate dal fondo e l'inizio del coro.

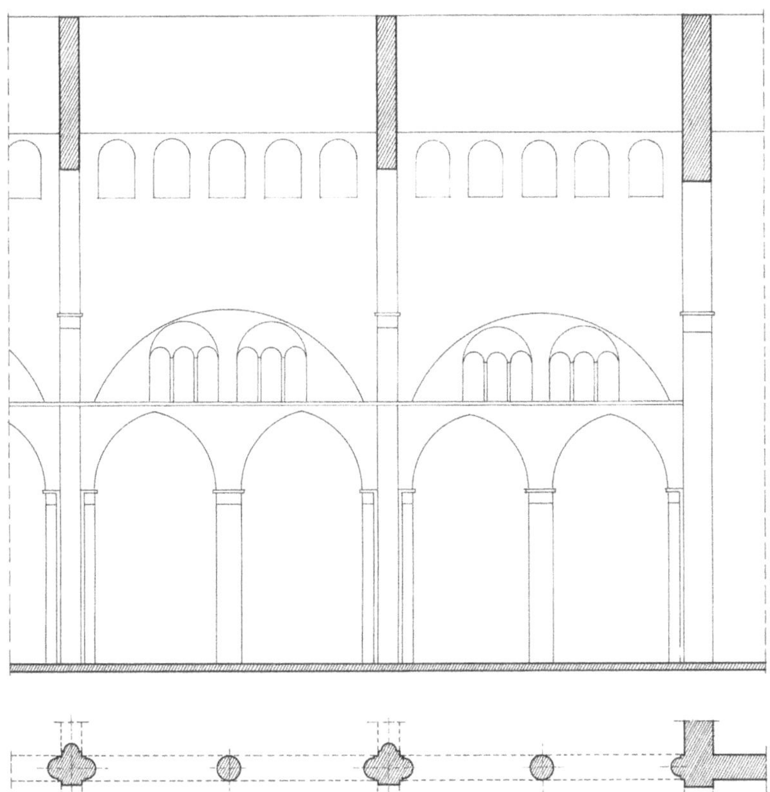

Riteniamo invece opportuno fare fin d'ora qualche osservazione in merito alla precisione esecutiva riscontrata nella costruzione, perché alcune irregolarità non sembrano imputabili ad imperizia tecnica o ad alterazioni provocate da cedimenti del terreno o da altre cause[2]. Si vedano, ad esempio, la mancanza di simmetria rispetto all'asse generale della facciata delle due porte laterali a fianco del protiro (Fig. 9) o la disuniforme cadenza delle semicolonne che campiscono la facciata (Tab. 2), troppo grossolane per essere considerate errori e di natura tale da non poter essere neppure pensate come sopravvenute nel tempo.

Come spiegarle allora, di fronte a una costruzione che, sotto il profilo esecutivo, è senza dubbio un'opera di valore considerevole?

Anomalie di questo genere cominciarono ad attirare l'attenzione degli specialisti fin dal secolo scorso; e coloro che se ne occuparono (particolarmente studiato è il periodo classico dell'architettura greca) finirono per concludere che esse non potevano essere spiegate altrimenti che come «errori intenzionali», portando a suffragio di questa opinione diverse ragioni. Le più accreditate, relativamente al periodo classico, sono sostanzialmente due: desiderio di ovviare ad effetti ottici indesiderati e riflessioni propriamente connesse con la concezione dell'arte[3]. Nel secondo di questi casi, l'osservazione che la natura non riproduce mai esattamente i modelli matematici perfetti a cui si ispira, avrebbe spinto i greci – che nella pratica dell'arte non intendevano imitare la natura soltanto attraverso le sue forme apparenti ma riflettendone anche i processi creativi – a teorizzare, a partire dal V sec. a.C., una certa flessibilità rispetto al rigore dei canoni formali dell'epoca precedente, al fine di rendere meno «inerti» e più vicine alla realtà naturale le loro opere[4].

---

² Tra queste si possono persino annoverare i terremoti. Cfr. M. CAPUTO - V. CAPUTO, *La sismicità storica e l'origine della cattedrale di Ferrara*, in *La Cattedrale di Ferrara*, Atti del convegno di studi storici tenuto a Ferrara dall'11 al 13 maggio 1979, Ferrara, 1982.

³ W. TATARKIEWICZ, *Storia dell'estetica*, vol. I, Torino, 1979, pp. 72-102 (titolo originale: *History of Aesthetics*, vol. I, Warszawa, 1970).

⁴ Questa fase dell'arte greca fu avviata da Policleto nell'ambito della scultura, ma non tardò ad

Anche gli architetti romanici non consideravano un fatto negativo la presenza di irregolarità.

Secondo Burckhardt, anzi, l'imprecisione era inseparabile dalla prassi costruttiva romanica, perché l'influenza esercitata su di essa dalla tradizione indù – che concepiva il tempio come «organismo vivente» induceva gli architetti a realizzare immagini imperfette di una realtà perfetta[5], sulla base di presupposti culturali simili a quelli propugnati dai greci ben 1500 anni prima. I risultati erano però diversi nei due casi, perché mentre i greci progettavano accuratamente gli scostamenti dalle forme perfette, i costruttori romanici probabilmente si limitavano ad introdurli casualmente[6]. In ogni caso in epoca gotica le cose cambiarono radicalmente, perché gli architetti non si proposero più di realizzare forme che, come in precedenza, approssimassero i modelli trascendenti e perfetti che la natura imitava senza successo, quanto invece di riprodurre proprio quegli stessi modelli. L'evoluzione in senso strutturale dell'architettura di questo periodo non è infatti da interpretare come un trionfo del funzionalismo, quanto piuttosto come l'inevitabile conseguenza dell'affermarsi di una visione razionalistica del mondo esemplata su modelli matematici, la cui trasposizione nelle strutture dell'architettura fece acquisire a queste ultime una dignità estetica senza precedenti portandole ad essere oggetto della massima attenzione in fase esecutiva[7]. La diversa precisione che distingue le costruzioni romaniche da quelle gotiche, dunque, è soprattutto l'effetto di un diverso atteggiamento mentale; tanto

---

affermarsi anche nell'architettura. Cfr R. CARPENTER, *Gli architetti del Partenone*, Torino, 1979, pp. 87-91 (titolo originale: *The Architects of the Parthenon*, Harmondsworth, 1970).

5   T. BURCKHARDT, *L'arte sacra in Oriente ed in Occidente*, Milano, 1976, pp. 38-39 (titolo originale: *Principes et méthodes de l'art sacré*, Lyon, 1974).

6   In realtà, a quanto pare, anche i costruttori delle chiesette preromaniche della Croazia introducevano scostamenti ponderati dalle forme geometricamente perfette. In tal modo essi intendevano materializzare nelle strutture dei loro edifici la direzione dei raggi del sole in particolari momenti dell'anno. Cfr. M. PEJAKOVIĆ, *Le pietre ed il sole. Architettura ed astronomia nell'Alto Medioevo*, Milano, 1988 (titolo originale: *Starohrvatska sakralna arhitektura*, Zagabria, 1982).

7   O. VON SIMSON 1962, pp. 5-20.

più che le tecnologie, gli attrezzi di lavoro e gli strumenti di misura in uso erano praticamente sempre gli stessi, già noti fin dall'antichità. Per misurare le lunghezze si utilizzava l'asta graduata; per tracciare angoli retti la squadra oppure il metodo del triangolo di lati 3:4:5 (il cosiddetto triangolo sacro, già noto anche agli egizi); per stabilire la verticalità si usava il filo a piombo. Mentre, per determinare le linee orizzontali, oltre a valersi di uno strumento composito, combinazione di squadra e di filo a piombo, detto «archipendolo», si sfruttava il principio per cui la superficie libera dell'acqua si dispone spontaneamente secondo piani orizzontali: versando acqua in apposite canalette e fossatelli si ottenevano con precisione linee e piani orizzontali[8].

Nondimeno, dei veri errori erano ugualmente possibili, favoriti talvolta proprio dalla successione delle fasi di lavoro. Ad esempio la posa in opera dei rivestimenti marmorei, che veniva realizzata da maestranze diverse da quelle che avevano eretto le strutture laterizie da rivestire, poteva portare a qualche incongruenza. In generale, comunque, gli operai specializzati appartenevano tutti ad uno stesso gruppo itinerante, che si spostava per seguire le occasioni di lavoro che si presentavano; mentre per le opere di supporto e di manovalanza veniva assoldata mano d'opera locale.

Queste squadre di artigiani, tagliatori di pietra e muratori, appartenevano a delle vere e proprie corporazioni che risalivano all'antichità greco-romana e che si tramandavano, da una generazione all'altra, le regole del mestiere e tutti i rituali iniziatici che le contraddistinguevano. Durante l'alto Medioevo e fino all'inizio dell'età romanica (cioè circa all'XI secolo), questi gruppi, continuatori degli antichi *collegia* di costruttori, avevano finito per riunirsi attorno alle abbazie benedettine – che rappresentavano in quel periodo i centri più attivi nella promozione di nuove costruzioni – costituendo delle vere e proprie scuole di architettura dirette da monaci. Furono i benedettini a recuperare e a trasmettere i testi matematici dell'antichità greca e alessandrina, la mistica pitagorica dei numeri e lo stesso trattato di Vitruvio.

---

8   R. Bechmann 1984, pp. 260-261.

E furono questi monaci-architetti e i loro capimastri e tagliapietre a riprendere l'antica tradizione dei viaggi di studio, individuali o di gruppo, che li portò a contatto con le tecniche dell'architettura orientale nella Spagna riconquistata agli arabi od ellenistica e bizantina nelle regioni del vicino Oriente, al seguito dei crociati. Verso la fine dell'XI secolo, infine, molti di questi gruppi di costruttori itineranti, ormai strettamente legati alla chiesa cristiana, si trasformarono in congregazioni puramente laiche e quasi segrete, organizzate in potenti logge[9].

La figura di Nicholaus, lo scultore architetto chiamato a Ferrara per realizzarvi la nuova cattedrale, si inquadra molto bene, come vedremo in seguito, in questo mondo di artisti itineranti; e il suo elevato livello culturale, sottolineato dall'epigrafe magnificatoria che gli attribuisce la paternità delle sculture (ARTIFICEM GNARUM QUI SCULPSERIT HEC NICHOLAUM / HUC CONCURRENTES LAUDENT PER SECULA GENTES), parafrasandone altre simili che accompagnano tutti i suoi lavori[10], suggerisce la possibilità che egli potesse effettivamente essere anche un religioso. Ma in realtà di Nicholaus, oltre a conoscere le tappe della sua carriera, non si sa assolutamente nulla.

La dimestichezza con le arti del quadrivio (aritmetica, geometria, musica e astronomia) era del resto indispensabile all'architetto per poter almeno comprendere il progetto, qualora egli non ne fosse anche l'estensore; in ogni caso poiché a quei tempi ancora non veniva prodotto un elaborato grafico del progetto, la sua presenza in cantiere era indispensabile in ogni fase dei lavori[11].

---

9   M. GHIKA, *Le nombre d'or*, Paris, 1959, vol. II, pp. 44-50.

10   Cfr. A. C. QUINTAVALLE, *Nicolò architetto*, in *Nicholaus e l'arte del suo tempo*, Atti del seminario tenuto a Ferrara dal 21 al 24 settembre 1981, Ferrara, 1985.

11   Sulla base di molte testimonianze oggi sappiamo che in età gotica l'architetto era solito incidere, in grandezza reale, ad uso degli esecutori materiali, il disegno di alcune parti del progetto e in genere di tutti i particolari più importanti, su parti della stessa costruzione, come muri, pilastri o lastre pavimentali. O. VON SIMSON 1962, nota 70 p. 208. Questa consuetudine risaliva tuttavia almeno al periodo greco, come dimostra l'esempio studiato da L. HASELBERGER, *I progetti di costruzione del tempio di Apollo a Didime*, «Le Scienze», febbraio 1986.

Quanto al marmo, esso rappresentava, in tutta la regione padana, un costoso materiale esclusivamente di importazione. Perciò a Ferrara, date le notevoli dimensioni della cattedrale, ne fu limitato l'impiego al rivestimento della facciata e a poche altre parti. È però verosimile pensare che la sua utilizzazione non fosse motivata soltanto da ragioni estetiche o di prestigio per la committenza, quanto invece anche da ragioni simboliche. In quanto materiale principe dell'architettura antica, esso esercitava in quel momento una particolare suggestione; e, richiamando l'antichità romana, aveva il potere di riallacciare idealmente la costruzione ai tempi originari della Chiesa, alla cui spiritualità il papa ispirava in quegli anni la sua linea politica di riforma.

Il costo dei materiali lapidei è stato valutato in uno studio riportato da Bechman che, pur riferendosi ai cantieri di alcune cattedrali inglesi, ci consente di farci ugualmente un'idea del suo ordine di grandezza[12]. Secondo questo studio, la componente più onerosa della struttura del costo franco cantiere era costituita dal trasporto, che ne faceva lievitare il prezzo alla cava fino a 5-6 volte se il trasporto avveniva via terra e fino a 4 volte se si potevano sfruttare le vie d'acqua.

I marmi e le pietre da costruzione messi in opera a Ferrara, tutti provenienti da lontano, vi giunsero certamente con mezzi di trasporto fluviale: tanto la pietra d'Istria impiegata essenzialmente per le parti decorate e scolpite, che i calcari ammonitici bianchi e rossi del veronese utilizzati, con l'eccezione dei leoni e dei grifoni portacolonne, esclusivamente per i rivestimenti[13].

Nel periodo gotico, tuttavia, per ridurre al minimo l'incidenza del trasporto sul costo di questi materiali, si pensò di eliminare il peso superfluo iniziando a praticare la prelavorazione dei blocchi presso le stesse cave. Ma questa procedura, che anticipava in un certo senso l'odierna prefabbricazione, al tempo in cui si erigeva il duomo ferrarese non era ancora divenuta usuale, come è facile constatare esaminando il rivestimento della facciata. Le bande alternativamente larghe e

---

12 R. Bᴇᴄʜᴍᴀɴɴ 1984, p. 265.

13 Cfr. J. Bᴇɴᴛɪɴɪ (a cura di), *Il restauro del protiro della cattedrale di Ferrara*, Bologna, 1982.

strette di calcare veronese che rivestono la facciata, sfruttando anche la dicromia del materiale, o la segmentazione dei fusti delle semicolonne addossate alla facciata stessa non presentano infatti alcuna regolarità di pezzatura. Non si può escludere comunque la possibilità che i marmi di Verona potessero giungere a Ferrara già tagliati in lastre da adattare al momento della posa alle dimensioni di volta in volta occorrenti.

È in ogni caso istruttivo, per valutare l'evoluzione delle tecniche di lavoro, confrontare il rivestimento della facciata del duomo con quello del campanile rinascimentale che gli sorge a fianco, realizzato con lo stesso tipo di materiale: nel secondo caso infatti si può constatare a quale punto di perfezione si fosse giunti nel processo di standardizzazione e di prelavorazione dei pezzi.

Significato della divisione del cerchio in dieci parti

Come sappiamo, il tempio cristiano si proponeva di essere un'immagine in scala ridotta dell'intero cosmo.

È quindi verosimile che il significato del criterio geometrico proporzionale discusso nel capitolo precedente sia da ricercare proprio nell'ambito di quel simbolismo.

Non è facile poter precisare quando questa concezione, documentabile fin dalle prime civiltà storiche, sia entrata nel mondo cristiano. Sembrerebbe tuttavia esservi penetrata piuttosto tardi, se è vero che *il simbolismo della chiesa considerata nel suo insieme come un universo in miniatura* [è] *stato lanciato, nel campo delle idee, dallo Pseudo Dionigi l'Aeropagita* [soltanto] *verso il 500 d.C.*[1] Nel VI secolo, comunque, essa si era tradotta, per le chiese di area bizantina, in un *topos* letterario piuttosto diffuso, come dimostrano il panegirico in esametri che descrive come un microcosmo l'interno della celebre S. Sofia di Costantinopoli o il citatissimo testo siriaco inneggiante alla bellezza della cattedrale di Edessa in Turchia, che enfatizza con particolare risalto proprio quella analogia[2].

---

[1] G. De Champeaux - S. Sterckx, *I simboli del Medioevo,* Milano, 1981, p. 148 (titolo originale: *Introduction au monde des symboles,* St. Léger Vauban, 1972).

[2] W. A. McClung, *Dimore celesti,* Bologna, 1987, pp. 105 e 108 (titolo originale: *The Architecture of Paradise. Survivals of Eden and Jerusalem,* Berkeley, 1983). R. Krautheimer, *Architettura paleocristiana e bizantina,* Torino, 1986, pp. 249-250 (titolo originale: *Early Christian and Bizantine Architecture,* Harmondsworth, 1965). F. Passuello - M. G. Dissegna, *I mausolei imperiali romani. Templi del Sole,* Firenze, 1976, pp. 102-103 e 112-115.

Tanto S. Sofia di Costantinopoli che S. Sofia di Edessa erano però, in realtà, costruzioni a pianta centrale, riconducibili schematicamente ad un cubo sormontato da una cupola emisferica: quindi, tipologicamente, esse erano assai diverse dalla classe di chiese cui appartiene anche la cattedrale di Ferrara, a pianta basilicale ed a copertura piana. Ma questo, come vedremo, sotto il profilo simbolico, non farà alcuna differenza.

S. Sofia di Costantinopoli, eretta per volontà dell'imperatore Giustiniano e consacrata nel 537, rompendo con la tradizione edilizia cristiana precedente, era stata la prima chiesa ad essere concepita secondo un modello che fino ad allora era stato proprio soltanto degli oratori, dei *martyria* e dei battisteri, nei quali la cupola veniva già intesa come volta del cielo, conformemente ad un simbolismo di origine orientale[3].

Le cupole e le volte però avevano già una lunga e consolidata tradizione nell'architettura romana, essendovi comparse, com'è noto, nel II sec. a.C., in coincidenza probabilmente non casuale con l'arrivo in Occidente dei primi culti solari di provenienza orientale[4]. Ma la tipologia indiscussa delle chiese fino a Giustiniano, sia in Oriente che in Occidente, era stata quella basilicale con copertura piana a capriate, introdotta da Costantino[5].

È probabile che nei primi secoli (e comunque ancora per qualche tempo dopo il 313, anno dell'Editto di Tolleranza promulgato da Costantino) i cristiani non avvertissero l'esigenza di disporre di luoghi di culto quali quelli che sarebbero stati in seguito le chiese; ma soltanto di spazi riparati di incontro e di riunione. Potrebbero forse dimostrarlo le parole pronunciate da S. Paolo nell'Aeropago di Atene, che sembrano adombrare un giudizio di incompatibilità tra l'architettura sacra ed il culto del Dio propugnato dall'apostolo,

---

3   Le opinioni sulle radici storiche e geografiche di questo celebre edificio sono riassunte da R. KRAUTHEIMER 1986, p. 254.

4   F. PASSUELLO - M. G. DISSEGNA 1976, pp. 25-27.

5   R. KRAUTHEIMER 1986, p. XXXVIII.

pur esprimendo nel contempo una visione «cosmica» della divinità che potrebbe anche contenere il germe del futuro simbolismo delle chiese[6]. I modesti edifici pubblici eretti dai cristiani prima dell'intervento di Costantino erano stati infatti soltanto semplici imitazioni degli ambienti domestici fino ad allora utilizzati per le loro riunioni segrete: chiesa, come si sa, deriva dal greco *ekklesia,* riunione, e duomo da *domus,* casa privata.

Fu solo in seguito alla promozione costantiniana – che mobilitò gli artisti e gli architetti di corte – che si passò al tipico edificio di forma monumentale ispirato alla basilica romana, un edificio civile che, oltre ad offrire l'ampio spazio interno di cui avevano bisogno i cristiani, si prestava a rendere evidente l'alleanza tra cristianesimo ed impero e la rottura, per converso, con i culti precedenti (i cui templi non erano peraltro neppure sempre concepiti per accogliere i fedeli, ma soltanto le statue degli dei ed i sacerdoti addetti al culto)[7]. Tutte ragioni comunque estranee al simbolismo cosmologico, anche se Moessel ha dimostrato che la basilica di S. Pietro, ad esempio, consacrata nel 327 e quindi appartenente alla prima generazione, fu proporzionata mediante lo schema di scomposizione del cerchio in dieci parti che, come vedremo, è effettivamente legato a quel simbolismo[8] (Fig. 14).

Ma questo fatto non costituirebbe un problema, potendosi senza timore pensare che gli architetti imperiali usarono quel procedimento esclusivamente perché quella era la prassi da loro abitualmente seguita.

---

[6] *Egli è il signore del cielo e della terra e non abita in templi fabbricati dagli uomini, né riceve servizi dalle mani degli uomini, come se avesse bisogno di qualcuno...* (At 17, 24-25). Tutte le citazioni di passi della Bibbia, comprese quelle che seguiranno, sono tratte da «La nuovissima versione della Bibbia dai testi originali», Ed. Paoline, Roma 1983. Cfr. anche J. PELIKAN, *Gesù nella storia,* Bari, 1987, p. 95 (titolo originale: *Jesus Through the Centuries,* New Haven - London, 1985).

[7] L'azione di Costantino a favore dei cristiani, certamente decisiva per molti aspetti, non potè essere sempre così netta come qui potrebbe apparire. Specialmente a Roma, dove l'opposizione delle famiglie senatoriali era piuttosto forte e dove il centro della città era costellato di templi e di santuari pagani, egli dovette agire con tatto, scegliendo per l'erezione delle prime chiese luoghi periferici e decentrati. Cfr. R. KRAUTHEIMER, Tre *capitali cristiane,* Torino, 1987 (titolo originale: *Three Christian Capitals. Topography and Politics,* Berkeley, 1983).

[8] E. MOESSEL 1926, pp. 73-76.

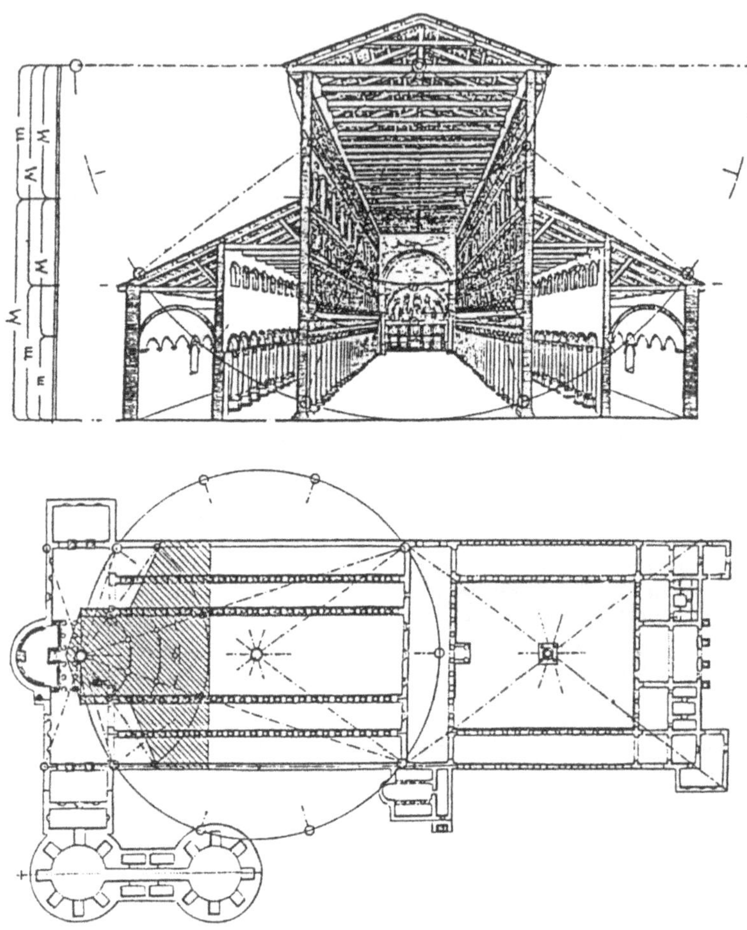

14. Lo schema geometrico-proporzionale sotteso alla primitiva basilica di San
Pietro secondo E. Moessel.

Tuttavia l'associazione del simbolismo cosmologico alla struttura
delle chiese, emersa, come abbiamo visto, secondo le fonti documen-
tarie, nel momento dell'introduzione delle coperture a cupola negli
edifici religiosi delle regioni orientali dell'impero, potrebbe aver avuto

in realtà i suoi prodromi oltre cento anni prima, tra la fine del IV e l'inizio del V secolo, nei fermenti culturali che posero fine alla prima fase dell'architettura cristiana, caratterizzata da un'ampia sperimentazione tipologica.

L'esigenza di dare ordine e di unificare le forme della liturgia non meno di quelle dell'architettura nella quale essa si esplicava, dette in quegli anni l'avvio ad un deciso processo di semplificazione degli edifici sacri che portò all'adozione di una pianta standardizzata di semplice forma rettangolare – divisa in una o più navate – conclusa sul fondo da un'abside semicircolare e preceduta, benché non obbligatoriamente, da un atrio poco profondo, detto nartece[9]. In pratica la nota tipologia delle basiliche paleocristiane.

Questo processo di riorganizzazione formale, legato ad un più ampio momento di riflessione, che trovava i cristiani intenti a riaffermare le loro radici culturali, vide sorgere l'idea che le chiese avessero il loro prototipo, come proclamava ad esempio il vescovo siriano Teodoreto, nel leggendario Tempio di Salomone. E poiché questo edificio era stato costruito ad immagine del cielo, non ci sembra infondato pensare che il primo passo verso il futuro simbolismo delle chiese possa essere stato compiuto proprio in quel momento.

Il primitivo Tempio di Salomone, costruito in sette anni, dal 959 al 952 a.C., era stato distrutto dai babilonesi nel 587 a.C.. Ricostruito soltanto qualche decennio più tardi in forme molto più modeste, rimase tale, nonostante il rammarico degli ebrei, per molti secoli, fino al tempo di Erode il Grande, che, negli anni compresi tra il 21 a.C. ed il 64 d.C., lo riportò a nuovo splendore riedificandolo completamente, sia pure con caratteri più marcatamente ellenizzanti[10].

Nel *Primo Libro dei Re* e nel *Secondo Libro delle Cronache* la Bibbia tratta ampiamente del Tempio di Salomone, il primo edificio

---

9   R. KRAUTHEIMER 1986, p. 112, 113 e 119.

10 A. PARROT, *Il Tempio di Gerusalemme*, Roma, 1973 (titolo originale: *Le Temple de Jérusalem,* Paris, 1962). Il Tempio fu poi definitivamente distrutto dai romani a metà del II secolo.

in pietra dedicato a Jahvé. Tra altre notizie veniamo così a sapere che Salomone si servì di maestranze specializzate reclutate – per il tramite di un accordo commerciale con il re Hiram di Tiro – in una regione della Fenicia che forniva operai anche ai cantieri egiziani fin dai tempi della seconda dinastia (1Re: 5,11-32). La notizia rappresenta una conferma dell'influenza diretta esercitata dall'architettura fenicia ed egiziana sul modello edilizio del Tempio[11], deducibile anche da alcune analogie formali e dai motivi ornamentali.

Tra le prime (Fig. 15) vi è ad esempio la tripartizione della pianta, che riprende quella di alcuni templi fenici di poco precedenti e quella dei templi egizi, che, se pure più articolata e complessa, è ugualmente suddivisa in tre parti[12]. Un'altra significativa analogia è fornita dalla totale oscurità del *sancta sanctorum* che, pur forse volendo tradurre in forma architettonica la *densa nube* in cui si celava abitualmente Jahvé (1Re: 8,12), sembra tuttavia rifarsi ai santuari dei templi egizi, del tutto privi di luce[13]. Anche l'affermazione di Salomone che, rivolgendosi a Dio in preghiera, paragona il Tempio alla volta del cielo (Sp: 9,8) ha un interessante riscontro nell'architettura egiziana: come è noto, infatti, sulla parete di un tempio fatto erigere dal faraone Ramesse II al tempo dell'esodo degli ebrei dall'Egitto sotto la guida di Mosè (XIII sec. a.C.), si trovava incisa l'esplicita dichiarazione: *questo tempio è come il cielo in tutte le sue disposizioni*[14].

Ma il simbolismo cosmologico non era soltanto prerogativa degli edifici sacri egiziani; era anzi una caratteristica di tutti gli edifici sacri – a cominciare dai più antichi, dislocati nella regione mesopotamica e databili al 3500 a.C. circa – come attesta la giacitura delle loro piante rettangolari, che, essendo costantemente riferita agli assi celesti, rivela

---

[11] A. Parrot 1973, pp. 13-14 e C. L. Ragghianti, *Iconologia fallace,* «Critica d'Arte» n. 9, aprile-giugno 1986, p. 11.

[12] Per le piante fenice cfr. A. Parrot 1973, pp. 13-16 e per quelle egizie C. Norberg-Schulz, *Significato dell'architettura occidentale,* Milano, 1974, p. 148.

[13] A. Parrot 1973, p. 42.

[14] La scritta si trova su un frammento attualmente conservato al Museo del Cairo. Cfr. M. Ghyka, 1958, vol. I, p. 57 e J. Hani, *Le symbolisme du temple chrétien,* Paris, 1962, p. 36.

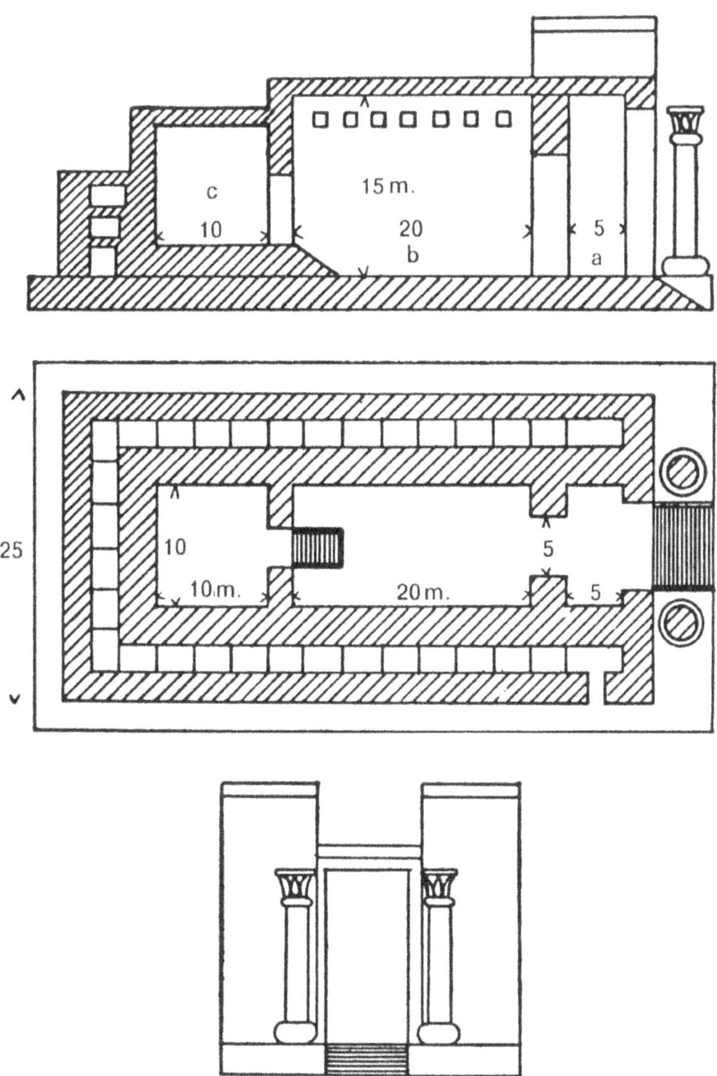

15. Pianta, prospetto e sezione longitudinale del Tempio di Salomone a Gerusalemme secondo la ricostruzione del Watzinger.

uno studiato rapporto con l'osservazione del cielo[15]. Secondo Eliade, anzi, questo legame tra architettura e cosmologia avrebbe origini anche più remote; e risalirebbe all'epoca di transizione tra paleolitico e neolitico (circa 8000 a.C.), quando l'evoluzione culturale legata all'introduzione dell'agricoltura ed il conseguente passaggio dalla vita nomade a quella sedentaria aveva portato gli uomini alla valorizzazione dello spazio ed all'erezione dei primi altari e dei primi santuari[16].

Altre notizie del massimo interesse, ai nostri fini, che ci provengono dalla Bibbia, riguardano le misure del Tempio e dei suoi principali arredi liturgici (1Re: 6,2-10; 14-26 e 7,15-33 oltre a 2Cr: 3,3-4; 8-15 e 4,1-5), perché esse, per molti studiosi moderni, in forza dei valori dei loro rapporti numerici, attestano proprio la presenza del simbolismo cosmologico[17].

Ma il valore simbolico del Tempio, probabilmente in età ellenistica, subì un'evoluzione che lo portò a divenire, da immagine celeste e paradisiaca quale era in origine, metafora dell'intero cosmo. Lo testimoniano le parole del filosofo ebreo Filone di Alessandria, contemporaneo di Cristo, che, proprio negli anni in cui Erode si impegnava nella ricostruzione del Tempio, esprimevano il convincimento che *costruendo un santuario fatto dalla mano dell'uomo per il Padre e Signore dell'universo, conveniva che si prendessero elementi simili a quelli con i quali Egli aveva fatto il tutto (...)* [perché] *il tempio supremo e autentico di Dio è il cosmo nel suo insieme*[18].

---

15 Si vedano le piante riportate in S. GIEDION, *Le origini dell'architettura*, Milano, 1969 (titolo originale: *The Beginnings of Architecture*, New York, 1964); H. FRANKFORT, *Arte ed Architettura dell'Antico Oriente*, Torino, 1970 (titolo originale: *The Art and Architecture of The Ancient Orient*, Harmondsworth, 1956); S. LLOYD - H. D. MULLER, *Architettura delle origini*, Milano, 1980.

16 M. ELIADE, *Storia delle credenze e delle idee religiose*, Firenze, 1979, vol. I, pp. 53-56 (titolo originale: *Histoire des croyances et des idées religieuses*, Paris, 1975).

17 Cfr. ad esempio R. WITTKOWER 1964, p. 103 ed O. VON SIMSON 1962, pp. 37-38. Secondo quest'ultimo, poi, il primo autore medioevale a vedere nelle misure del Tempio il simbolismo paradisiaco sarebbe stato Abelardo.

18 La frase è riportata da G. DE CHAMPEAUX - S. STERCKX 1981, p. 144.

Non si può non avvertire, nella concezione cosmica espressa da Filone anche un'eco delle parole di S. Paolo nell'Aeropago di Atene, che le accomuna alla visione universalistica del periodo ellenistico ed a talune concezioni insorte nell'ambito del giudaismo palestinese dell'età alessandrina, nel quale Dio veniva equiparato allo spazio, come dimostra l'uso della parola «luogo» *(makom)* quale suo appellativo[19]. In ogni caso nel Tempio finirono per convergere e per sovrapporsi due distinti se pur analoghi valori simbolici, il primo legato al significato originario ed il secondo a quello più tardo, che finirono per trasmettersi in seguito anche all'iconografia delle chiese cristiane.

Ma quale era, infine, la «forma» dell'universo che gli architetti consideravano il modello delle loro chiese? Ed in che modo questa forma veniva trasposta nelle strutture dell'architettura?

Le nozioni cosmologiche possedute dai cristiani nei primi secoli erano tratte esclusivamente dalle Sacre Scritture. E poiché queste riflettevano la scarsa considerazione dell'ebraismo primitivo per il mondo naturale, le concezioni che vi erano espresse erano piuttosto generiche e non si discostavano sostanzialmente da quelle delle cosmologie più antiche.

Nel suo insieme l'universo vi era concepito come un'entità articolata su tre livelli (cielo, terra e mondo sotterraneo), nella cui disposizione dall'alto verso il basso, come è facile arguire, era implicita anche una precisa gerarchia di valori. Grazie alla sua semplice struttura di insieme, ne proponiamo una rappresentazione grafica (Fig. 16), che, pure con i difetti propri di ogni schema, per il suo carattere di immediatezza visiva può risultare molto utile per comprendere le figure geometriche fondamentali del simbolismo cosmologico di cui tratteremo nel prossimo capitolo.

Il cielo, per quanto si apprende da Isaia (40,22), era pensato come una volta emisferica, con, al di sopra del vertice – coincidente con la stella polare – il trono di Dio. Mentre la terra, di cui la *Genesi* (1,10)

---

[19] Cfr. M. JAMMER, *Storia del concetto di spazio,* Milano, 1974, p. 35 (titolo originale: *Concepts of Space. The History of Theories of Space in Phisics,* Cambridge (Mass.), 1954).

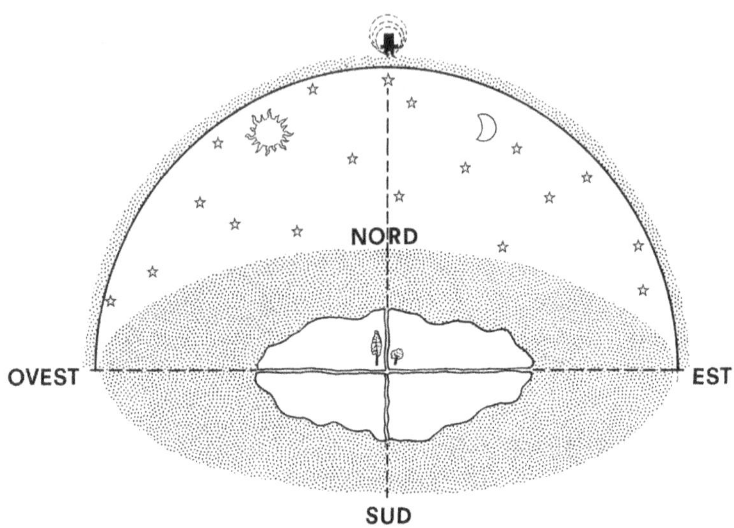

16. Modello schematico di cosmo basato sulle Sacre Scritture.

non precisa la forma, era immaginata come un'unica massa raccolta nel mezzo delle acque del mare, divisa in quattro parti da quattro fiumi che sgorgavano da un'unica sorgente posta nel centro del giardino di Eden e si dirigevano verso i quattro punti cardinali (Genesi 2,8-14) irradiandosi dal luogo paradisiaco creato da Dio appositamente per l'uomo[20]. Il Sole, la Luna e le Stelle, infine, erano concepiti come «lampade», poste da Dio in cielo per dar luce alla terra e per cadenzare con i loro moti periodici i ritmi del tempo astronomico e della liturgia (Genesi 1,14-19).

---

[20] Riteniamo interessante far osservare che il giardino di Eden della *Genesi* è un luogo aperto e dai limiti non definiti. Questo perchè il Paradiso Terrestre viene al contrario pensato e spesso in seguito rappresentato come luogo recintato e protetto. Si tratta infatti di due tradizioni culturali diverse. Il concetto di luogo chiuso è di derivazione persiana e benchè compaia in alcune parti della Bibbia (ad esempio nel Cantico dei Cantici 4,12) posteriori al IV sec. a.C. non fu mai accettato dai testi rabbinici del *Talmud*. Tuttavia la tradizione esegetica finì per rendere equivalenti le due accezioni, assimilando infine entrambi i giardini alla Gerusalemme Celeste, la città cinta da mura descritta da Giovanni che sarebbe scesa in terra dal cielo nel giorno dell'Apocalisse. Cfr. W. McCLUNG 1987, p. 21.

A questo modello di cosmo sostanzialmente descrittivo e qualitativo, se ne era però venuto affiancando, nel periodo ellenistico, un altro, di origine greca, marcatamente quantitativo, che trovò eco ed accoglienza negli ultimi Libri dell'Antico Testamento, in particolare nel *Libro della Sapienza* (scritto direttamente in greco, probabilmente ad Alessandria d'Egitto, nel 1° sec. a.C.) e nel *Siracide,* noto anche come *Ecclesiastico.*

In ogni caso per i primi Padri della Chiesa, impegnati a diffondere il messaggio di salvezza portato da Gesù e ad affrontare altre e più impellenti questioni quali l'organizzazione della Chiesa in un ambiente talvolta ostile o la definizione della vera natura di Cristo, il modello cosmologico biblico era da principio totalmente esauriente ed esaustivo; e con tanta maggior ragione in quanto le Scritture erano ritenute ispirate direttamente da Dio. Per cui essi, che pure erano profondi conoscitori dei testi classici, consideravano inutile, dispersivo e fuorviante occuparsi della natura dell'universo. *Potremmo discutere su questo tema con molte ragioni* – argomentava al proposito S. Ambrogio, ancora nella seconda metà del IV secolo – *se ci sembrassero avere qualche utilità per l'edificazione della chiesa. Ma poiché è tempo perso occuparcene, rivolgiamo piuttosto l'attenzione a quanto ci è di profitto per la vita eterna. Dunque è sufficiente esporre, riguardo alla qualità ed alla sostanza del cielo, quanto troviamo negli scritti di Isaia, il quale, con stile ordinario e secondo il parlare comune, ha spiegato come sia fatta la natura del cielo. (...) Quanto alla terra, [poi], non ha alcuna utilità, in vista della vita futura, esaminarne la qualità o la posizione...*[21].

Nondimeno la complessa struttura del testo della *Genesi*[22] e alcune affermazioni in esso contenute, oscure e non facilmente accet-

---

21 S. AMBROGIO, *Hexaemeron.* Il brano è riportato in G. C. GARFAGNINI (a cura di), *Cosmologie medioevali,* Torino, 1978, p. 64.

22 Il testo della *Genesi,* risalente soltanto al VI secolo a.C., rispecchia nella sua struttura una concezione di tipo sapienziale in cui la creazione è collegata alla settimana liturgica ebraica. La forma del testo e l'articolazione del racconto sono perciò svolti in conformità di simbolismi numerici il cui significato va oltre il contenuto narrativo immediato.

tabili dal senso comune[23], che ponevano serie difficoltà di interpretazione anche ai fini dell'insegnamento, imposero ai Padri un esame critico dei testi sacri, pur nell'ambito di un atteggiamento di ossequio verso di essi.

Anche la preconcetta posizione di ripulsa verso la scienza dei gentili, manifestatasi nei primi tempi, dovette infine essere abbandonata quando la Chiesa, a partire dal IV secolo, divenne un'istituzione ufficiale dell'impero. Per i Padri della Chiesa fu necessario trovare allora una soluzione di compromesso che sapesse conciliare i contenuti delle Scritture con le teorie della filosofia classica. E la soluzione fu trovata nella riappropriazione e nella reinterpretazione delle opere degli antichi in chiave cristiana.

Il processo di assimilazione della cultura antica, e, più propriamente delle teorie cosmologiche di origine greca, portò però in breve tempo a conseguenze imprevedibili e di grande portata. La rilettura dei testi greci, infatti, non solo riaccese l'interesse per la natura dell'universo, ma impresse al pensiero cristiano nel suo insieme un impulso determinante che lo spinse verso le grandi conquiste speculative dell'epoca medioevale.

Le conseguenze non tardarono a risentirsi, come è logico, anche nella pratica dell'arte e dell'architettura, dove l'innesto tra le due culture, come ha scritto Tatarkiewicz, portò *all'imprevedibile risultato che una teoria matematica sarebbe divenuta una delle principali teorie estetiche di un periodo religioso...* [24].

Di fatto un grande sviluppo del pensiero cristiano si può ricondurre all'evento della riscoperta del *Timeo* di Platone da parte di S. Agostino, che, riproponendolo all'attenzione, gli fece raggiungere in

---

[23] Nei versetti 1,6-7, ad esempio, si afferma che Dio, creando il cielo, aveva separato le acque superiori da quelle inferiori. Il problema di come il cielo potesse sostenere le acque superiori rappresentò un dilemma mai risolto, ancora dibattuto nel corso del Medioevo. Cfr. G.C. GARFAGNINI 1978, p. 14.

[24] W. TATARKIEWICZ 1979, vol. II, p. 12.

breve tempo, tra la fine del IV e l'inizio del V secolo, un'ampia notorietà ed una vasta diffusione[25].

Il motivo della eco profonda ed immediata che Platone suscitò nel pensiero cristiano è legato al fatto che nel platonismo era possibile individuare non pochi elementi «precristiani» e che questa dottrina era già penetrata nel cristianesimo. Lo dimostra, ad esempio, il *Vangelo di Giovanni*, nel cui prologo Cristo, sulla scia del filone neoplatonico di cui erano imbevuti il *Libro della Sapienza* ed il *Siracide*, viene presentato proprio con gli attributi del *logos* platonico, cioè come divinità mediatrice della creazione ed apportatrice di ordine e di vita (Giovanni 1,1-5)[26]. E quindi la scoperta di Platone rappresentò soprattutto la rivelazione di un complesso di idee già sistematizzato, che forniva ai pensatori cristiani uno strumento di razionalizzazione della loro dottrina escatologica.

Il concetto basilare della cosmologia timaica era costituito dalla concezione che il mondo fosse un'entità organizzata razionalmente e, al pari di un organismo vivente, permeata di energia vitale grazie alla presenza immanente di un principio di ordine e di vita (il *logos* o Anima del mondo) immesso da Dio nella materia primigenia, dominata dal *caos* fino al momento della creazione.

---

[25] Il *Timeo* è l'opera in cui Platone espone sistematicamente le concezioni cosmologiche e cosmogoniche di derivazione pitagorica. Nessuna altra opera di Platone fu invece conosciuta per tutto il Medioevo. Lo stesso *Timeo,* del resto, che Agostino probabilmente lesse nella traduzione latina di Cicerone, non solo non era noto nel suo testo originale, ma non lo era neppure interamente. Le versioni che circolavano infatti prima e dopo il rilancio di Agostino erano soltanto dei compendi commentati, dovuti a Calcidio ed a Macrobio, inerenti la sola parte più specificamente cosmologica. Cfr. M.D. CHENU, *La Teologia del XII secolo,* Milano, 1986, p. 135 (titolo originale: *La théologie au douziéme siécle,* Paris, 1976) e O. VON SIMSON 1962, p. 26. La ripresa di interesse per la cosmologia promossa dal *Timeo,* che coincise con gli anni in cui si promuoveva la standardizzazione delle basiliche, ci sembra un'altra possibile ragione (oltre al richiamo ideale al Tempio di Salomone) per far risalire a quegli anni le radici del simbolismo delle chiese.

[26] L'influsso del *Libro della Sapienza* sul pensiero cristiano primitivo è attestato da un manoscritto databile al 180 circa, rinvenuto dal Muratori, che riporta il più antico elenco di testi accettati dai cristiani, tra i quali si trova anche il *Libro della Sapienza.* Cfr. G. FOOT MOORE, *Il Cristianesimo,* Bari, 1964, p. 65 (titolo originale: *A History of Religions,* New York, 1920).

Questa idea non trovò difficoltà ad essere compresa dai cristiani perché gli stessi concetti, come si diceva, erano già contenuti sia nel *Vangelo di Giovanni* che nel *Siracide* e nel *Libro della Sapienza*[27]. Così come ugualmente diffuso era il concetto di armonia e di bellezza dell'universo in senso greco, che era la conclusione implicita cui portava Platone, mostrando che le leggi matematiche che reggevano l'universo erano le stesse che governavano l'armonia musicale[28]. Esso era già da tempo patrimonio della cultura ebraica essendovi penetrato fin da quando si era resa necessaria la traduzione in greco di alcune parti del corpo di scritti dell'Antico Testamento per consentirne la diffusione tra le comunità ebraiche di lingua greca[29]. Ed anzi proprio l'esigenza di effettuare questa traduzione aveva costituito uno dei veicoli più efficaci di penetrazione della cultura ellenistica nel mondo ebraico. Il senso del versetto 1,31 della *Genesi,* infatti, in cui si racconta della soddisfazione di Dio per la buona riuscita della creazione, era stato alterato, nella traduzione greca, mediante una connotazione eminentemente estetica *(E Dio contemplò quello che aveva fatto e vide che era molto bello)* che portò all'introduzione nella Bibbia del concetto greco concernente la bellezza del mondo[30].

Ma la rivelazione più feconda per il pensiero cristiano contenuta nel *Timeo,* fu soprattutto l'esplicitazione della teoria matematica ed

---

[27] Nel *Siracide* si trova scritto, ad esempio: *Il Signore stesso* (ha creato la Sapienza e) *l'ha riversata in tutte le sue opere* (Sir 1,7); e, nel *Libro della Sapienza: La Sapienza pervade e penetra ogni cosa. È esalazione della potenza di Dio...* (Sp 7,24-25), (La Sapienza) *governa rettamente l'universo* (Sp 8,1), (il quale è fatto) *con misura, numero e peso* (Sp 11,20).

[28] Questi concetti verranno sviluppati nel seguito. M. GHYKA 1959, vol. 1°, pp. 29 e 33 definisce *rebus di Platone* il passo del *Timeo* (34b,c; 35a,b,c; 36a,b) – interpretato rigorosamente soltanto nel XIX secolo – in cui viene spiegato come fu immessa nella materia l'anima del mondo mediante un calibrato gioco di proporzioni che conduce ad un frazionamento della materia uguale a quello dell'ottava nella scala melodica dorica del genere diatonico.

[29] Può essere utile ricordare che la lingua greca rappresentò la lingua ufficiale della Chiesa cristiana d'Occidente anche nella stessa Roma fino alla fine del II secolo. Mentre sembra che le prime adesioni al Cristianesimo da parte di popolazioni di lingua latina siano avvenute nell'Africa proconsolare. Cfr. G. FOOT MOORE 1964, p. 105 e G. PENCO 1977, vol. I, p. 26.

[30] W. TATARKIEWICZ 1979, vol. II, pp. 10-11.

armonica che sottendeva l'ordine universale, perché in essa i cristiani non solo trovarono una suggestiva teoria che consentiva di risolvere in termini di bellezza e di armonia il problema della conciliazione dialettica tra l'unicità della causa prima e la molteplicità dei fenomeni di cui era costituito il mondo, ma vi trovarono anche le basi per dare un fondamento razionale alla loro fede. Non a caso infatti fu proprio di qui che prese il via la grande sintesi di pensiero dell'epoca medioevale, nella quale il numero, la proporzione e l'ordine avrebbero assunto il valore di principi universali, ontologici non meno che etici ed estetici.

La teoria che per il tramite di Platone sarebbe rientrata nella cultura occidentale a partire dal IV secolo, aveva tuttavia già goduto in passato di un'ampia considerazione nel mondo greco e latino. Essa risaliva infatti a Pitagora ed alla sua scuola che l'avevano elaborata a cominciare dal VI secolo a.C.

Le prime concezioni sul valore dei numeri quali elementi fondanti e costitutivi della realtà ultima dell'universo, punto di partenza della dottrina pitagorica, erano state acquisite da Pitagora per il tramite dei contatti che egli aveva avuto con egiziani e babilonesi e con la loro scienza, fortemente intrisa, come del resto le teorie pitagoriche, di elementi magici e sacri[31].

Sulla base di queste nozioni i pitagorici seppero poi sviluppare geometria ed aritmetica in modo nuovo e sistematico, conducendo nel contempo tutta una serie di osservazioni che li convinsero della profonda analogia esistente tra il carattere dei numeri ed i fenomeni della natura.

Le dottrine di questa scuola, che nei primi tempi della sua esistenza ebbe più il carattere di setta religiosa che non quello di scuola filosofica, erano perciò il risultato di una grandiosa sintesi di osservazioni scientifiche e di elementi ascetici che avevano finito per conflui-

---

[31] Già la tarda antichità aveva individuato queste radici del pitagorismo, come si evince dalla testimonianza di Porfirio. Cfr. Pitagora 4 A 15 in A. Pasquinelli (a cura di), *I Presocratici: frammenti e testimonianze*, Torino, 1976, p. 73.

re in una visione unitaria del mondo, in grado di fornire una risposta al problema filosofico e religioso centrale del VI secolo a.C., quello del rapporto tra l'Uno ed il Molteplice[32], lo stesso che avrebbero poi dovuto affrontare anche i teologi cristiani.

I primi a porsi questo problema erano stati i filosofi ionici del VI secolo a.C. Essi, intuitivamente persuasi che la molteplicità delle forme naturali fosse solo apparente, si erano posti alla ricerca di un principio che potesse costituirne l'elemento di unificazione. La loro ricerca costituisce una tappa fondamentale del pensiero umano, non tanto per il tentativo di ricondurre il tutto ad un'unica causa (i primi in questo essendo stati gli ebrei), quanto perché essi furono di fatto i primi a tentare di individuare questa causa in un principio naturale ed immanente invece che trascendente e di natura divina.

Sotto questo profilo la soluzione che Pitagora fornì al problema posto dai filosofi ionici della scuola di Mileto non fu soltanto un progresso: lo fu perché il principio di unificazione che egli credeva di aver individuato era per la prima volta quantificabile ed oggettivo, ma al tempo stesso rappresentò un regresso perché le implicazioni mistiche e religiose connesse con le sue teorie riportavano la questione all'ambito religioso pre-ionico.

Nato a Samo probabilmente tra il 580 ed il 570 a.C., all'età di circa quarant'anni Pitagora aveva lasciato l'isola per intraprendere alcuni viaggi che lo portarono a soggiornare in Egitto ed in Mesopotamia. Quindi si era definitivamente trasferito a Crotone, dove aveva fondato la sua scuola[33]. Qui aveva svolto un insegnamento in cui la conoscenza non era concepita come un valore di per se stessa, con il distacco che avevano dimostrato i filosofi ionici, quanto piuttosto come un valore iniziatico, e, credendo nella metempsicosi, finalizzato alla salvezza dell'anima dopo la morte, analogamente a quello che era il credo delle società orfiche[34]. Per questa ragione il suo insegnamento era tutto

---

[32] M. ELIADE 1980, vol. ll, p. 187.

[33] 4 A 14 (PASQUINELLI, p. 72).

[34] 4 A 5 (PASQUINELLI, p. 66).

intriso di implicazioni mistiche, volte a fornire ai suoi seguaci precise regole di vita e di comportamento.

Le leggende che avvolsero la figura storica di Pitagora già poco tempo dopo la sua morte rivelano inequivocabilmente le analogie tra il suo insegnamento e l'orfismo. Queste leggende narrano, ad esempio, dei suoi rapporti con gli dei e con gli spiriti, del potere sugli animali, della sua facoltà di apparire contemporaneamente in più luoghi e, persino, di una sua discesa nel regno dei morti[35]: tutte doti straordinarie che portavano a confonderne la figura con quella del mitico Orfeo, cui venivano attribuiti gli stessi poteri eccezionali. L'aspetto più affascinante del mito di Orfeo, l'eroe che aveva indissolubilmente legato il canto vocale al suono della lira (lo strumento di Apollo, dio della razionalità e della sapienza), era stato la rivelazione del potere magico ed incantatore della musica, capace di elevare l'uomo fino alla divinità ma anche di precipitarlo in basso, verso la perdizione e le forze dell'irrazionale[36]. E forse per carpire questi poteri Pitagora si era accostato alla musica, dedicandosi allo studio dei suoni e degli strumenti musicali. E fu proprio da questi studi che trasse le cognizioni rivelatrici che lo portarono alla formulazione della sua teoria sulla natura armonica ed unitaria dell'universo.

Sperimentando con diversi corpi vibranti (martelli, dischi metallici, vasi, canne, corde)[37] egli si accorse che l'altezza dei suoni emessi era una funzione delle dimensioni dei corpi emittenti; e che, in particolare per le corde, a parità di calibro e di tensione, il suono dipendeva soltanto dalla lunghezza. Da qui alla successiva più sorprendente scoperta il passo fu breve: egli poté infatti constatare che le lunghezze necessarie per produrre i suoni fondamentali dell'armonia musicale, legati tra loro dagli intervalli di *diapason, diapente* e *diatessaron*

---

[35] M. ELIADE 1980, vol. II, pp. 184-210.

[36] E. FUBINI, *L'estetica musicale dall'antichità al settecento*, Torino, 1976, p. 12.

[37] 4 A 10 (PASQUINELLI, p. 104).

(coincidenti con gli odierni intervalli di ottava, quinta e quarta) erano del tutto particolari[38].

Presa una corda di lunghezza qualsiasi, infatti, posta uguale ad uno (con la quale produrre il suono di riferimento), per ottenere un suono più alto (acuto) di un'ottava, è necessario impiegare una corda di lunghezza uguale alla metà di quella di riferimento (con un rapporto tra le lunghezze uguale ad 1:2); analogamente per ottenere un suono più alto di una quinta occorre una corda di lunghezza pari ai due terzi della prima, con un rapporto tra le lunghezze uguale a 2:3; per ottenere un suono più alto di una quarta, occorre una corda di lunghezza pari ai tre quarti della prima, con un rapporto tra le lunghezze uguale a 3:4. Mentre, come appare logico, i corrispondenti suoni più bassi (gravi) si ottengono invertendo i rapporti tra le lunghezze.

In definitiva, quindi, i tre intervalli armonici fondamentali, quelli dai quali derivano tutti gli altri, risultavano sorprendentemente esprimibili per mezzo delle più semplici frazioni dei primi quattro numeri interi naturali 1, 2, 3, 4. Gli stessi quattro numeri che i pitagorici già sapevano capaci di interpretare interamente le qualità dello spazio; o, per meglio dire, che, come insieme di numeri, contenevano tutte le dimensioni dello spazio. Nella visione greca, infatti, nella quale i numeri erano concepiti più come configurazioni spaziali di punti che come entità astratte, lo spazio era immaginato come quadridimensionale: all'uno corrispondeva il punto, al due la linea, al tre la superficie piana ed al quattro il volume solido[39]. I primi quattro numeri perciò, che con l'ultima scoperta non risultavano essere più soltanto l'essenza

---

[38] P. RIGHINI, *L'acustica per il musicista. Fondamenti fisici della musica*, Padova, 1978, ed O. KAROLYI, *La grammatica della musica. La teoria, le forme, gli strumenti musicali*, Torino, 1979. Per la musica greca in particolare: P. RIGHINI, *La musica greca. Analisi storico-tecnica*, Padova, 1976.

[39] Circa il concetto di numero presso i greci (che non possedevano caratteri particolari per scriverli, ma si servivano di lettere dell'alfabeto corredate di qualche segno aggiuntivo oppure di gruppi di punti) si vedano: L. ROBIN *Storia del pensiero greco*, Milano, 1978, p. 59 (titolo originale: *La pensée grecque et les origines de l'esprit scientifique*, Paris, 1932?); M. GHYKA 1959, vol. 1°, pp. 20-25; A. REGHINI, *La tradizione pitagorica massonica*, Genova, 1988 e G. REALE, *Per una nuova interpretazione di Platone*, Milano, 1987, pp. 237-249.

delle proprietà fisiche dello spazio, ma anche la base dei fenomeni percettivi e musicali (e quindi spirituali), confermavano la riconducibilità dell'universo a quell'unico principio, di cui i numeri e le loro proprietà erano il fondamento. E quindi Pitagora poteva proclamare, con valide ragioni, che *ogni cosa è fondata sul numero*[40].

Continuando nelle loro indagini i pitagorici approfondirono ulteriormente le analogie intercorrenti tra i fenomeni naturali e le proprietà dei numeri e delle figure geometriche, giungendo ad associare un'entità numerica e geometrica ad ogni aspetto della realtà.

La parte delle loro teorie più interessante ai nostri fini riguarda tuttavia l'estensione del concetto di armonia.

Dopo aver individuato una legge che per le sue proprietà sembrava essere l'espressione matematica del principio di armonia, essi riuscirono ad accertarne la presenza nei modelli geometrici dei quattro elementi costitutivi della materia, nel modello del cosmo[41] (Fig. 17) e persino alle radici dei principi morfologici degli esseri viventi, finendo per riconoscerle il carattere dell'universalità.

17. I cinque poliedri regolari. Da sinistra: tetraedro, cubo, ottaedro, dodecaedro, icosaedro. Le loro caratteristiche formali, secondo i filosofi greci, erano servite da modello per le strutture dei quattro elementi e per l'intero universo: il tetraedro per il fuoco, il cubo per la terra, l'ottaedro per l'aria, l'icosaedro per l'acqua ed il dodecaedro, infine, per l'universo.

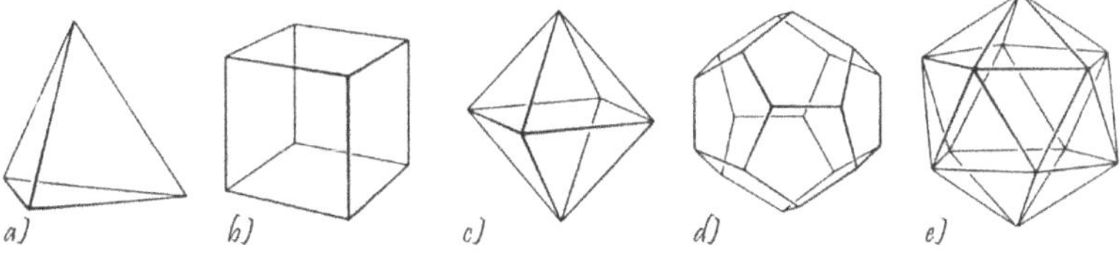

---

40 Cfr. G. REALE 1987, pp. 279-282 e, in particolare, pp. 286-288.

41 Ne tratta approfonditamente A. REGHINI, 1935, pp. 107-121.

Questa legge, derivata da nozioni sulle proporzioni e sulle medie numeriche che già i babilonesi avevano studiato[42], era costituita da una sequenza di numeri costruita per il tramite di un numero particolarissimo: il numero d'oro o rapporto di sezione aurea, che avrebbe occupato, nella mistica pitagorica come nella successiva storia del pensiero occidentale (e nella teoria delle proporzioni in particolare) una posizione di assoluto rilievo.

18.

Un segmento AC (Fig. 18) si definisce sezione aurea di un segmento AB di cui è parte, quando si può scrivere che il rapporto tra l'intero segmento AB e la sua parte AC è uguale al rapporto tra lo stesso AC e la restante parte CB; ossia quando si può scrivere:

(1) $AB : AC = AC : CB$

Esiste un'unica scomposizione di AB (e quindi un solo valore del rapporto AB:AC) che rende vera l'uguaglianza espressa dalla (1); e tale valore corrisponde al numero irrazionale 1,618... , il cosiddetto numero d'oro[43].

Stante l'uguaglianza (1), se AB:AC = 1,618..., tale sarà pure AC:CB. Dunque, come AC è sezione aurea di AB, CB lo sarà di AC.

Se poi scomponessimo CB con un punto D che lo dividesse in due parti secondo il rapporto aureo, potremmo dire che CD è la sezione aurea di CB, mentre DB lo sarebbe di CD. Poi potremmo

---

42 Cfr. L. Giacardi-S. Roero, *La matematica nelle società antiche,* Torino, 1979, pp. 200 ed A. Reghini, *Per la restituzione della geometria pitagorica,* Roma, 1935, pp. 109110.

43 I numeri irrazionali hanno la parte decimale illimitata e non periodica. Nel nostro caso mi sono limitato a trascrivere soltanto le prime tre cifre decimali, indicando con i puntini l'illimitata sequenza di cifre che seguirebbero. A onor del vero vi sarebbe anche un secondo valore capace di rendere vera la (1): -0,618... ma, essendo tale numero affetto da segno negativo, nel nostro caso esso non ha significato. Tale seconda soluzione, tuttavia, a meno del segno, risulta uguale all'inverso della prima: 0,618... = 1 : 1,618...

dividere analogamente DB con un punto E, continuando all'infinito, e costruendo una successione di segmenti ciascuno dei quali è la sezione aurea di quello che lo precede:

(2)   AB, AC, CB, CD, DB, DE, EB, EF, FB...

Ebbene, tra le numerose singolari proprietà di una successione di questo tipo, che non interessano il nostro discorso, ve ne è una veramente suggestiva: la lunghezza di quattro suoi elementi presi a caso (purché consecutivi), qualora essi fossero corde sonore, sarebbero tali da produrre suoni stanti tra loro nei rapporti fondamentali dell'armonia musicale: *diatessaron* (quarta), *diapente* (quinta), *diapason* (ottava).

Se prendiamo come esempio il quartetto CD, DB, DE, EB e riteniamo il suono di CD suono fondamentale, avremo infatti che DB emette un suono più alto di 3:4 (*diatessaron*), DE di 2:3 (*diapente*) ed EB di 1:2 (*diapason*).

Data la genesi della successione (2) era inevitabile che i pitagorici attribuissero al numero d'oro quei sorprendenti risultati. Essi sapevano anche che il numero d'oro è tipico delle proporzioni di alcune figure geometriche piane (pentagono regolare, decagono regolare, pentagono stellato, decagono stellato) (Fig. 19) e solide (dodecaedro regolare e dodecaedro stellato, quest'ultimo però non ancora studiato dai pitagorici), dunque esso appariva loro anche come l'ente che ne governa la forma[44].

Come si sarà notato, tutti e quattro i poligoni di cui si è detto sono derivati (e sono, anzi, i soli regolari derivabili) dalla scomposizione del cerchio in dieci parti. Circostanza che instaura una relazione diretta tra la sezione aurea ed il numero dieci, la Decade, il numero sacro e perfetto dei pitagorici (detto *tetractys* in quanto composto dei

---

[44] Limitandoci alle figure piane, se p, d, p_s, d_s, sono rispettivamente i lati del pentagono, del decagono, del pentagono stellato e del decagono stellato ed R è il raggio del cerchio loro circoscritto (Fig. 19), intercorrono tra di essi le relazioni $p_s{:}p = 1{,}618...$; $d_s{:}R = 1{,}618...$; $R{:}d = 1{,}618...$ che mostrano come, sia pure con modalità diverse, il numero d'oro "entra" nella forma di questi poligoni.

primi quattro numeri interi, 1+2+3+4=10), che era così importante
da essere ricordato nel giuramento di impegno al silenzio che essi
presentavano al momento dell'iniziazione[45].

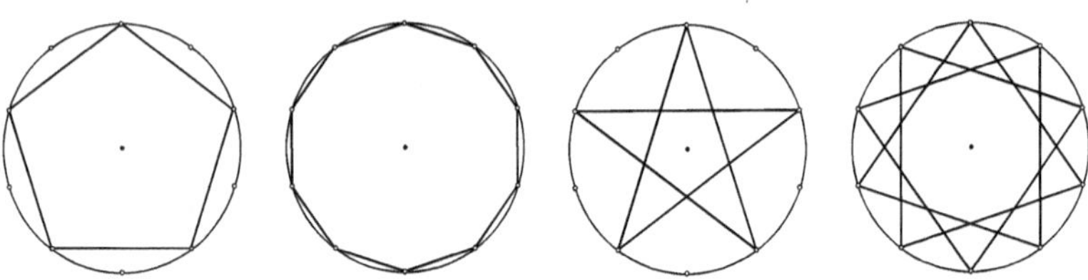

19. I quattro poligoni regolari inscrivibili in un cerchio diviso in dieci parti uguali.
Da sinistra: pentagono, decagono, pentagono stellato, decagono stellato

Come il tutto partecipa delle qualità delle sue parti, così, per i
pitagorici, il dieci sintetizzava le qualità dei primi quattro numeri
interi che ne erano gli elementi costitutivi. Esso era quindi concepito
come il numero che conteneva interamente le qualità del cosmo: sia
quelle inerenti l'aspetto fisico e dimensionale dello spazio, sia quelle
attinenti la sua struttura armonica. Il dieci, perciò, nella mistica del
numero, era l'equivalente del tutto, il simbolo per eccellenza dell'u-
niverso; mentre la *tetractys,* o, meglio, la relazione grazie alla quale
si esplicitava il rapporto tra il tutto e le sue parti, era il simbolo del
processo divino della creazione che dall'uno conduceva alla molteplicità del tutto.

L'ultima importante proprietà del numero d'oro che vogliamo
ricordare (dopo quelle che lo indicavano come l'origine dell'armonia
e il principio formale del tutto, in quanto generatore dei poligoni
riconducibili al dieci) era quella legata alla «crescita» di quegli stessi
poligoni, che, concretandosi con modalità suggestivamente simili a
quelle degli organismi viventi, ne era considerata il modello. Di fatto
l'accrescimento organico, che si esplica come per azione di un impulso

---

[45] *Lo giuriamo per colui che ci ha trasmesso la tetractys, nella quale risiedono le sorgenti e
le radici dell'eterna natura.* La frase è tratta da M. GHYKA 1959, vol. 10; p. 34, nota 1.

interno, avviene in modo da conservare costantemente l'omoteticità della forma con se stessa: esattamente con le stesse modalità, come vedremo, che caratterizzano l'accrescimento dei poligoni fondati sul dieci; mentre, al contrario, la crescita dei corpi inorganici (come ad esempio i cristalli) avviene non solo per apporto di materia dall'esterno, ma con stratificazioni casuali e diversificate nelle diverse direzioni spaziali.

Per darne un esempio, ci riferiremo ad un pentagono di lato AB (Fig. 20), entro cui tracciamo il pentagono stellato avente gli stessi vertici.

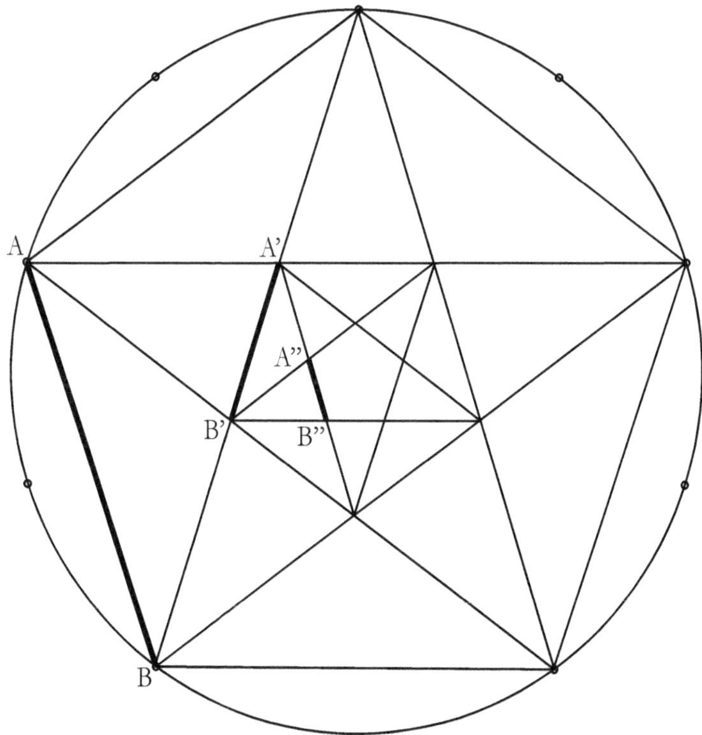

20. Esempio di crescita omotetica e armonica governata dal numero d'oro.

Al suo interno quest'ultimo determina un secondo pentagono, il cui lato A'B' (come si potrebbe dimostrare) è la sezione aurea di BB', a sua volta sezione aurea di AB. Ripetendo la costruzione all'interno del pentagono di lato A'B' si giunge a un nuovo pentagono di lato A''B'', sezione aurea di A'A'', a sua volta sezione aurea di A'B'. Procedendo così indefinitamente si realizza una successione di segmenti costruita in modo tale che ogni elemento risulta sezione aurea di quello che lo segue, esattamente come nella (2).

L'inverso di questa sequenza può essere considerata la «legge di crescita» di un pentagono a partire da un centro: crescita che avviene, come appare, nel rispetto dell'omoteticità formale e come per intervento, dall'interno della forma, del numero d'oro che ne determina gli incrementi.

Si può quindi capire quale suggestione potesse esercitare questo numero nell'ambito di una concezione del mondo esemplata totamente su modelli matematici, apparendo allo stesso tempo come il principio formale, il fattore di ordine e di armonia e l'apportatore dell'energia vitale. E come, di conseguenza, la sua forte valenza simbolica non potesse che influire profondamente prima sugli artisti greci e poi su quelli cristiani che si proponevano di imitare la natura a partire proprio dai suoi stessi principi.

L'acquisizione al pensiero cristiano del *Timeo* pose quindi le basi per il recupero di tutta la grandiosa costruzione intellettuale mistico-matematica avviata da Pitagora e sviluppata dai suoi seguaci, che sempre il *Timeo* aveva diffuso in precedenza anche nel mondo greco-

---

46 Fu Platone attraverso il *Timeo* a divulgare le dottrine pitagoriche, altrimenti segrete per il loro carattere misterico ed iniziatico. Secondo M. GHYKA 1959, vol. II, p. 20, Platone aveva potuto divulgare le teorie pitagoriche perchè era un iniziato che non aveva prestato il giuramento del silenzio. Quanto a Pitagora, non è noto se abbia lasciato qualcosa di scritto, perchè mentre alcuni autori antichi lo escludono, altri avallano la notizia che Platone avrebbe appreso il pitagorismo leggendo l'opera in tre libri lasciata da Pitagora (dal titolo *Ieros Logos* o *Discorso Sacro*) dopo essere riuscito a comprarla per 100 mine dal pitagorico Filolao quando questi, pur sapendo di incorrere in gravi sanzioni, la vendette spinto da una pesante indigenza. Cfr. 4 A 23, 24, 25 (PASQUINELLI, pp. 79, 80, 86). L'accertata lunga frequentazione di

romano[46] e che tuttavia ancora nei primi decenni dell'era cristiana conservava i suoi caratteri autonomi[47].

Già in Agostino il recupero del platonismo era comunque completo. Forte dell'affermazione contenuta nella preghiera di Salomone, secondo la quale il mondo era stato creato *con misura, numero e peso* (Sp 11,20) che legittimava il platonismo agli occhi dei Padri della Chiesa, egli aveva infatti potuto introdurre il misticismo dei numeri e le teorie armoniche contenute nel *Timeo* nel modello di universo cristiano, ponendo con ciò le basi anche della sua filosofia dell'arte, che sarebbe rimasta il fondamento dell'estetica cristiana per tutto il millennio successivo.

In conclusione, quindi, il criterio progettuale utilizzato a Ferrara, del quale ci eravamo proposti di comprendere il significato, è, di fatto, come avevamo inizialmente ipotizzato, strettamente connesso con il simbolismo cosmologico proprio dell'edificio sacro.

Ma l'estetica agostiniana, che rimase senza ulteriori sviluppi fino alla fine dell'XI secolo a causa del plurisecolare ristagno culturale provocato dal grave declino politico ed economico che coinvolse l'Occidente dopo la caduta dell'impero romano[48], divenne infine il punto di partenza per gli studi che cominciarono a rifiorire dal terzo decennio del XII secolo.

Dei due principali movimenti culturali che si svilupparono in quegli anni, il primo aveva il suo epicentro presso la scuola cattedrale di Chartres, attorno alla quale si riuniva un gruppo di eminenti matematici e di studiosi neoplatonici; mentre il secondo era legato ai mona-

---

Platone con il celebre filosofo Archita di Taranto spiegherebbe in ogni caso la sua approfondita conoscenza della dottrina pitagorica. Cfr. L. ROBIN 1978, p. 53.

47 Nel 1917 è stata casualmente scoperta a Roma una basilica sotterranea nei pressi di Porta Maggiore che si è rivelata essere il luogo di culto di una setta pitagorica ancora attiva all'epoca dell'imperatore Claudio (metà del I sec.). Cfr M. GHYKA 1959, vol. II, pp. 7-14.

48 La trasmissione dell'estetica agostiniana, della tradizione platonica e della mistica pitagorica dei numeri in quel lungo periodo è legata a pochi nomi: Marziano Capella (V sec.), Severino Boezio e Cassiodoro (VI sec.), Isidoro di Siviglia (inizio VII sec.) e papa Silvestro II (X sec.).

steri di Citeaux e di Clairvaux ed in particolare alla figura carismatica di S. Bernardo[49].

In sintesi, la scuola di Chartres, partendo da un serrato confronto tra il *Libro della Genesi* e il *Timeo,* era giunta a elaborare una cosmologia e una teologia strettamente intrecciate con la matematica, nel cui ambito la creazione appariva come una grande composizione sinfonica[50] originata dalla immissione nella natura del principio di armonia; mentre il platonismo cistercense, fondamentalmente più mistico, tendeva a scorgere, nell'armonica struttura del creato, più il riflesso della perfezione divina e delle future beatitudini celesti che non l'effetto di un principio immanente.

Entrambe queste forme di neoplatonismo influenzarono l'architettura sacra. Ma, mentre quella promossa dall'ordine cistercense, sulla base di una concezione più musicale dell'armonia, fu elaborata con proporzioni numeriche corrispondenti direttamente ai rapporti semplici di unisono, *diapason, diapente* e *diatessaron,* quella riconducibile al neoplatonismo chartriano, fondata su una concezione di cosmo a struttura essenzialmente matematica, pur non avendo una codificazione così esplicita come l'altra, ci sembra da porre in relazione con la progettazione attuata mediante il criterio di scomposizione del cerchio.

Si potrebbero forse definire questi due procedimenti: progettazione «aritmetica» il primo e progettazione «geometrica» il secondo[51]. Per l'esame delle proporzioni della cattedrale di Ferrara, non strettamente necessario per il prosieguo del discorso dopo i brevi cenni che ne daremo ora, rimandiamo tuttavia alla trattazione svolta nel

---

49 O. Von Simson 1962, p. 25; M.D. Chenu, *I platonismi del XII secolo*, in La teologia del XII secolo, cit.

50 Era questa un'immagine già usata da Giovanni Scoto Eriugena nel IX secolo. Cfr. O. Von Simson 1962, p. 28.

51 S. Bernardo descrisse le beatitudini celesti in termini musicali, come una sorta di estasi legata all'ascolto e alla partecipazione dei cori dei santi e degli angeli (cfr. O. Von Simson 1962, nota 52 p. 41). Egli ebbe parte attiva nell'elaborazione dell'architettura cistercense, e

capitolo 7° del presente volume, "I rapporti proporzionali e altre osservazioni sul progetto".

In breve, possiamo anticipare che vi troveremo diffuso il rapporto di sezione aurea, i rapporti armonici fondamentali e qualche valore numerico, di cui finora non si è parlato, appartenente alla scala musicale derivata dall'evoluzione della scala pitagorica classica.

l'abbazia di Fontenay (1130-1147), contemporanea del duomo di Ferrara, al cui progetto Bernardo non sembra estraneo, il miglior esempio di questa architettura dei primi tempi, presenta le proporzioni 1:1, 1:2, 2:3, 3:4 con una evidenza che non è propria di nessun altro stile (Cfr. O. Von Simson 1962, pp. 47-50). Ci sembra evidente, nella prassi proporzionale dell'architettura cistercense, l'intento di rifarsi alla tradizione biblica, vieppiù rafforzata dall'adozione, per il coro, della forma quadrata priva di abside, analoga al Santo dei Santi del Tempio di Salomone (Fig. 15). Il modello di chiesa cistercense è perciò il paradiso; mentre, al contrario, il modello della architettura «chartriana» è il cosmo nel suo insieme.

Il cerchio, il quadrato, la croce.
Macrocosmo e microcosmo

L'ondata di spiritualismo di origine orientale che pervase nella tarda antichità tutte le regioni dell'impero, portò con sé una forte propensione alla trascendenza che finì per incidere profondamente su tutte le forme di pensiero, come testimoniano le parole di S. Ambrogio riportate nel capitolo precedente che spingevano a rinnegare questo mondo a favore di quello futuro, o la fortuna che ebbero le teorie platoniche diffuse dal *Timeo*, che postulavano un doppio livello di realtà.

L'affermarsi di questa concezione duale del mondo, in cui cielo e terra giocavano ruoli ad un tempo dialetticamente opposti e complementari quali facce di una medesima realtà, venne tradotta, nel campo del simbolismo, in un semplice monogramma che combinava il cerchio, simbolo del cielo, con il quadrato, simbolo della terra (Fig. 21)[1].

L'origine del simbolismo del cerchio e del quadrato è in realtà molto più antica: tanto che non è probabilmente individuabile il momento del suo insorgere. Secondo de Champeaux e Sterckx, anzi,

---

[1] In realtà questo monogramma, comparso in un trattato cosmologico di un autore bizantino del VI secolo di nome Cosma Indicopleuste, non ricevette mai l'avallo ufficiale della Chiesa. Tuttavia esso ci sembra ugualmente interessante perché traduce visivamente la concezione simbolica degli estensori dei panegirici che descrivevano le chiese di S. Sofia di Costantinopoli e di S. Sofia di Edessa come universi in miniatura. Cerchio e quadrato, in ogni caso, così come i loro corrispondenti sfera e cubo, rappresentano le figure geometriche fondamentali del simbolismo cosmologico. Cfr. J. Hani 1962, pp. 37-38; C. De Champeaux - S. Sterckx 1981, pp. 27-54; M-M. Davy, *Initiation à la symbolique romane*, Paris, 1977, pp. 186-188; T. Burckhardt 1976.

quel simbolismo sarebbe nato con l'uomo, essendo connaturato con gli stessi processi mentali della psiche umana. Così come lo sarebbero le concezioni religiose che fanno del cielo la sede della divinità.

La «circolarità» celeste era quasi ovvia per un uomo dell'antichità, sempre a contatto con il cielo: alla più immediata sensazione notturna di trovarsi al di sotto di una volta egli poteva aggiungere la constatazione dell'incessante movimento circolare del firmamento, osservabile con un esame un po' prolungato. Una fotografia del cielo notturno presa con una esposizione della durata di qualche ora, renderebbe chiara questa sensazione, perché ogni stella lascerebbe sulla lastra una traccia corrispondente ad un arco di cerchio concentrico con gli altri, come se la volta, alla quale le stelle sembrano fissate, ruotasse solidalmente attorno ad un punto fisso, pressoché coincidente con la stella polare.

È questo un fatto di innegabile suggestione, tanto più se lo si combina con il senso di sacralità che promana dal cielo notturno. Il polo celeste si trovò così spontaneamente a rappresentare una posizione privilegiata, come fosse il centro da cui tutto deriva, la sede da cui viene mosso il mondo: infine la dimora della suprema divinità.

Meno immediata invece è la comprensione della scelta del quadrato come simbolo del mondo terrestre. Ma se si considera il fatto che *l'uomo è un animale essenzialmente orientato per struttura psichica, organica e scheletrica*[2] si possono forse già intravederne le ragioni profonde. Davanti-dietro, sopra-sotto, destra-sinistra sono i parametri direzionali del nostro orientamento, che ci fanno attribuire una struttura allo spazio circostante. Struttura che l'osservazione diurna e notturna del cielo porta in breve a scoprire come fissa. Di contro all'eterno moto circolare del cielo la terra sembra infatti immobile, rigidamente ancorata ad un sistema cruciforme di assi fissi (Fig. 16): quello di direzione nord-sud, passante per la stella polare (il cosiddetto «asse del mondo», attorno al quale sembra ruotare il cielo), e

---

2	G. De Champeaux - S. Sterckx 1981, p. 30.

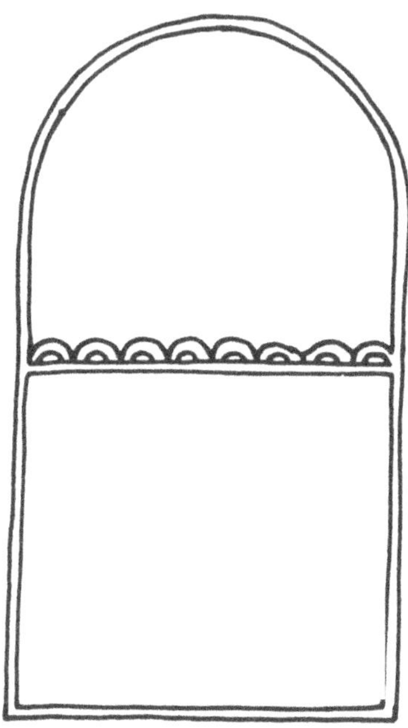

21. L'ideogramma cosmologico di Cosma Indicopleuste, sintesi del cerchio e del quadrato

quello di direzione est-ovest, perpendicolare al primo, dai cui estremi si leva e tramonta ogni giorno il sole[3].

Questa croce di assi, però, non è ancora un quadrato, benché la sua struttura alluda ad un'implicita quaternalità, ribadita del resto anche da altri fattori, come il numero delle stagioni, delle regioni della terra, degli elementi costitutivi della materia, dei punti cardinali. E questa quaternalità, nella geometria simbolica, si traduce spontaneamente nel quadrato, la figura della stabilità.

Pur antitetici – l'uno è dinamico, l'altra statica; l'uno non presenta orientamento, l'altra è rigidamente orientata – cielo e terra sono però

---

3   I punti di levata e di tramonto si spostano in realtà ogni giorno sull'orizzonte: l'asse che li congiunge resta però sempre parallelo a se stesso.

anche legati l'uno all'altra da un rapporto che consente la loro mutua conversione; tanto che, sebbene *in geometria la quadratura del cerchio sia un non-senso, in simbologia essa diventa un'operazione fondamentale*[4], che consente anche di porre in risalto la posizione gerarchicamente inferiore del quadrato rispetto al cerchio, dal quale, come vedremo, deriva la sua generazione.

L'operazione di quadratura simbolica del cerchio, ricordata anche da Vitruvio nel suo trattato di architettura (Libro I, capo VI) coincide con l'importante procedimento di orientamento degli assi del tempio e risale ai più remoti tempi dell'architettura sacra. Lo ziggurat di Eridu, ad esempio, uno dei più importanti santuari del sud della Mesopotamia, risalente alla civiltà sumera e databile al 2000 a.C., si riteneva fosse stato tracciato sul terreno dallo stesso dio Enki con il suo «santo stilo di canna»[5].

Dice Burckhardt a proposito di questa operazione: *Lo schema fondamentale del tempio risulta dal procedimento dell'orientazione, che è un rito nel senso vero e proprio del termine, in quanto riallaccia la forma del santuario a quella dell'universo, che è qui espressione della norma divina. Nel luogo scelto per la costruzione del tempio, viene eretto un pilastro ed intorno gli è tracciato un cerchio, sì da formare un orologio solare. L'ombra della colonna proiettata sul cerchio indica, con le sue posizioni estreme del mattino e della sera, due punti collegati dall'asse est-ovest* (Fig. 22). *A mezzo di un compasso costituito da una corda si tracciano in seguito, intorno a questi punti, dei cerchi gemelli intersecantisi a forma di «pesce», che segna l'asse nord-sud.*

Altri cerchi, centrati su quattro punti degli assi ottenuti, permettono di fissare, con le loro intersezioni, i quattro angoli di un quadrato: questo si presenta così come la «quadratura» del ciclo solare, la cui immagine diretta è, appunto, il cerchio dell'orologio solare.

---

4   G. De Champeaux - S. Sterckx, 1981, p. 50.

5   S. Giedion 1969, pp. 233 e 240.

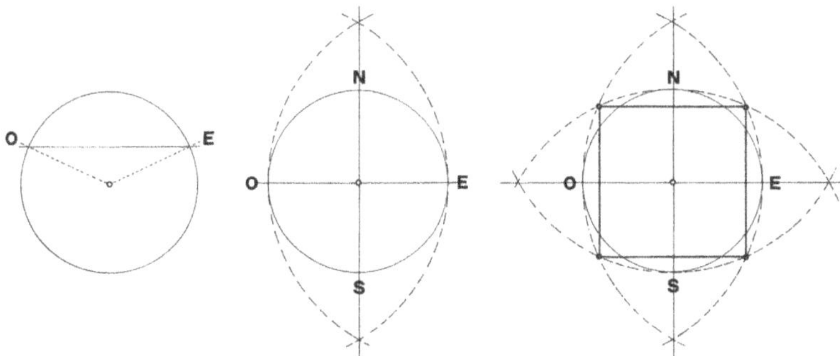

22. Determinazione dell'orientamento degli assi dell'edificio sacro. Questa operazione, vero e proprio rito che precedeva il tracciamento della costruzione sul terreno, aveva grande valore ai fini dell'analogia chiesa-cosmo, perché, oltre a mettere in rapporto l'orientamento degli assi dell'edificio con gli assi terrestri, consentiva di reiterare l'atto della creazione del mondo simbolicamente espresso dalla "quadratura" del cerchio, che assumeva il valore di traduzione, nelle forme materiali del mondo sensibile, del mondo celeste. L'analogia veniva poi sviluppata mediante l'impiego di forme architettoniche assimilabili al cerchio (o al semicerchio) ed al quadrato (o al rettangolo) e resa perfetta con l'introduzione delle proporzioni armoniche.

Il rito dell'orientazione è di portata universale. Sappiamo che fu praticato nelle civiltà più diverse: ne fanno menzione antichi libri cinesi, e Vitruvio ci informa che proprio in questo modo i romani stabilivano il «cardo» ed il «decumano» delle loro città, dopo aver consultato gli àuguri sulla scelta del luogo[6].

Moessel pensa che potrebbe essere proprio in questo rito che affonda le sue radici la pratica progettuale da lui individuata, basata sul procedimento di scomposizione del cerchio[7].

---

6   T. BURCKHARDT 1976, pp. 24-25. Si vedano anche J. HANI, *Il segno della croce*, pp. 52-53 e A. MOTTE, *Il simbolismo dei banchetti sacri in Grecia*, nota 8 p. 141, in J. RIES (a cura di), *I simboli nelle grandi religioni*, Milano, 1988 (titolo originale: *Le symbolisme dans le culte des grandes religions*, 1985); e inoltre G. DE CHAMPEAUX - S. STERCKX 1981, pp. 112-113.

7   E. MOESSEL 1926, p. 110.

In ogni caso questa operazione sul terreno era già di per se stessa della più grande importanza, perché costituiva il primo passo verso l'instaurazione del rapporto tra l'ordine terrestre della costruzione e l'ordine cosmico che gli faceva da modello. Essa fu praticata anche in Occidente fino a tutto il Medioevo; e nel periodo romanico – la cattedrale di Ferrara non fa eccezione – l'orientamento osservato era quello che faceva coincidere l'asse principale dell'edificio con quello est-ovest (con l'abside rivolta ad est, in ossequio ad una convenzione divenuta vincolante nel V secolo, dopo che nel periodo costantiniano essa poteva indifferentemente trovarsi rivolta verso est, ovest o nord a seconda delle consuetudini locali o della natura del terreno[8]).

Il significato di questo orientamento rituale va ricercato nella tradizione liturgica che voleva gli oranti rivolti verso il punto di levata del sole, concepito come luce dello spirito che illumina il mondo[9].

Come forse si sarà notato, nell'operazione descritta da Burckhardt che porta alla generazione del quadrato a partire dal cerchio – compare, in qualità di elemento intermediario della quadratura simbolica, la croce degli assi. Anch'essa è un simbolo antichissimo ed oltremodo ricco di significati; tra questi, di grande interesse ai nostri fini è quello che la porta all'identificazione simbolica con l'Uomo[10]. Le lettere che formano il nome ADAM, in greco, sono del resto proprio le iniziali delle quattro parole con le quali vengono designati i punti cardinali: A = *Anatolè* (Oriente), D = *Dismè* (Occidente), A = *Arctos* (Settentrione), M = *Mesembria* (Mezzogiorno)[11].

Come in geometria la croce è la figura mediatrice tra cerchio e quadrato, l'uomo, su un piano diverso, lo è dunque tra il cielo e la terra, di cui condivide pertanto entrambe le nature. Concezione, quest'ultima, ben chiara in Vitruvio, il quale afferma nel suo trattato che il corpo umano può essere perfettamente inscritto tanto in un cerchio che in

---

[8]   R. Krautheimer 1986, p. 114.

[9]   J. Hani 1962, pp. 51-55.

[10]   M-M. Davy 1977, p. 187 e J. Hani 1988, p. 53.

[11]   J. Hani 1962, p. 61.

un quadrato. Riprendendo poi senza aggiungervi niente di suo una tradizione ormai vecchia di cinque secoli e risalente al periodo classico dell'arte greca, egli asserisce che il corpo di *un uomo ben formato* (di cui fornisce le giuste proporzioni delle membra) deve costituire il modello per le proporzioni degli edifici sacri, perché così fecero gli antichi, che *raccolsero dalle membra del corpo i canoni delle misure necessarie in tutte le opere* (Libro III, capo I).

Operazione conseguente se si parte dal presupposto che il corpo dell'uomo sia consustanziale con il cielo e con la terra e ne condivida l'intima struttura ed il carattere quantitativo di armonia.

Ma le teorie estetiche vitruviane, che partono dal presupposto dell'equivalenza tra il corpo dell'uomo (microcosmo) e l'universo (macrocosmo), vantano le loro premesse metafisiche già nel *Timeo* (35a,b; 36a; 42d), ove Platone esplicita l'unicità del principio che costituisce l'anima del mondo, l'anima dell'uomo ed il corpo dell'uomo. Sembra perciò da ascrivere al mondo greco l'idea di dare al tempio le proporzioni del corpo umano, dopo che già in Mesopotamia ed in Egitto si era stabilita l'equivalenza tra cosmo ed edificio sacro[12].

La terna cerchio-croce-quadrato, ovvero cielo-uomo-terra, che Burckhardt definisce la «grande triade estremo orientale»[13], non poteva che esercitare in seguito una grande suggestione anche sul pensiero cristiano, perché, mentre consentiva di interpretare simbolicamente con grande chiarezza la doppia natura di Cristo, Uomo per antonomasia, dava alla sua missione salvifica il valore della più alta forma di intermediazione possibile tra il cielo e la terra nel momento della loro definitiva riconciliazione[14].

Nel campo del simbolismo architettonico, perciò, fondato principalmente sulle figure del cerchio e del quadrato, l'edificio sacro, finora riguardato soltanto come modello cosmico o paradisiaco, va

---

[12] M. GHYKA 1959, vol. I, pp. 50-51.

[13] T. BURCKHARDT 1976, p. 25.

[14] Si veda anche il significato di creazione (espansione da un centro) e di redenzione (riflusso verso il centro) associabile alla forma della croce, in J. HANI 1988, pp. 59-60.

in realtà concepito, nel senso più pieno, anche come un'immagine di Cristo, che non aveva del resto mancato di paragonare il proprio corpo al Tempio, quando aveva parlato metaforicamente della propria morte e della propria resurrezione come della distruzione e della riedificazione del Tempio in tre giorni (Giov. 2, 19-21).

L'esame iconografico che condurremo nel prossimo capitolo dovrà perciò tenere conto di questo intreccio di significati che trovano tuttavia una coerente integrazione nelle teorie platonico-pitagoriche, non a caso asse portante del progetto della costruzione.

Iconologia del protiro e del portale

Come già abbiamo ricordato nella introduzione storica, negli anni in cui a Ferrara cominciava a prendere corpo l'idea di erigere un nuovo duomo, si stavano consolidando gli effetti della favorevole congiuntura di eventi che, a partire circa dall'anno Mille, avevano favorito in tutta l'Europa un diffuso incremento demografico ed un apprezzabile miglioramento nelle condizioni generali di vita.

Le trasformazioni sociali ed economiche che ne seguirono, caratterizzate dalla comparsa dei ceti borghesi e dalla rivitalizzazione delle città e delle vie di traffico, finirono per ripercuotersi anche sulle forme di pensiero, perché la vita cominciava a prospettare orizzonti diversi dalle angoscianti e drammatiche esperienze dei secoli precedenti, che parevano senza sbocco.

Anche le forme della religiosità ebbero così in quegli anni una evoluzione significativa, perché Cristo, da lontano e terribile giustiziere di un'umanità allo sbando, peccatrice e sgomenta, quale era quello descritto nel *Libro dell'Apocalisse*, sembrava volersi avvicinare al suo popolo tendendo a trasformarsi sempre più nel redentore umanizzato descritto dai Vangeli[1].

---

[1] L'interesse per i Vangeli e per l'aspetto umano della figura di Cristo è certamente anche da mettere in relazione con le crociate ed i pellegrinaggi in Terrasanta che avevano reso diretto il contatto con i luoghi ove aveva vissuto Gesù. Cfr. G. Duby, *L'arte e la società medioevale*, Bari, 1977, pp. 126-127 (orig. in tre volumi: *Adolescence de la chrétienté occidentale, 980-1140; L'Europe des cathédrales, 1140-1280; Fondements d'un nouvel humanisme, 1280-1440*, 1966-67).

Ed è proprio all'interno di questo processo di evoluzione spirituale, i cui estremi configurano, sia pure con la rigidezza di uno schema, le caratteristiche salienti della religiosità romanica e di quella gotica, che si colloca il momento culturale che informò il progetto del duomo ferrarese ed il programma delle decorazioni scolpite del suo portale maggiore, nel quale, se pure non ignorati, rimangono sostanzialmente in secondo piano, a vantaggio della trattazione teologica, i contenuti dell'attualità politica.

Il modo, poi, in cui fu elaborata questa trattazione – che riprende coerentemente i contenuti platonico-pitagorici adombrati dal progetto architettonico – è del massimo interesse perché consente di scorgere, nel grande risalto dato alla figura di Cristo ed al significato della sua comparsa sulla terra, l'influsso diretto del dibattito teologico più avanzato del momento, avviato circa dal 1120 presso le scuole cattedrali francesi (particolarmente a Chartres) ed incentrato sulla definizione della natura delle tre persone divine e sul problema dell'incarnazione[2].

Non è facile dire attraverso quali canali gli esiti di quel dibattito abbiano potuto giungere a Ferrara così precocemente; ma ci sembra verosimile ritenere che essi vi possano essere giunti assieme a Nicholaus, il maggiore artista operante a Ferrara, il quale già aveva introdotto, nei suoi precedenti lavori, diversi elementi di provenienza francese che poi aveva rielaborato tenendo conto delle realtà locali. Mentre anche l'evoluzione successiva del suo repertorio figurativo non manca di suggerire un costante rapporto di aggiornamento con le novità francesi e con la Francia, probabile regione della sua formazione.

Le tappe della carriera di questo artista, in assoluto la più nota del suo tempo, sono praticamente tutte conosciute grazie alla sua non comune abitudine di firmare sistematicamente (e piuttosto vistosamente) i suoi lavori. A Ferrara, ad esempio, attorno alla lunetta del portale maggiore con il S. Giorgio a cavallo, si può leggere questa epigrafe magnificatoria: «ARTIFICEM GNARUM QUI SCULPSERIT HEC

---

2   G. DUBY 1977, p. 107.

NICHOLAUM / HUC CONCURRENTES LAUDENT PER SECULA GENTES».
Non è stato tuttavia ancora raggiunto un accordo tra gli studiosi circa
la cronologia dei suoi primi lavori. Alcuni li ritengono infatti quelli
relativi al Portale dello Zodiaco alla Sacra di S. Michele in Val di Susa
(1114), altri quelli del portale di destra della facciata della cattedrale
di Piacenza (1122). Il problema si origina soprattutto dalla mancanza
di una datazione certa per il Portale dello Zodiaco, che viene però
abitualmente collocata tra il 1114 ed il 1125[3] (o, anche, benchè rara-
mente, addirittura agli inizi del quarto decennio[4]). Mentre le sculture
di Piacenza, con ogni probabilità coeve alla cattedrale – certamente
fondata nel 1122[5] – vengono talvolta retrodatate al 1117 per essere
ritenute legate alla precedente cattedrale, distrutta dal terremoto,
appunto nel 1117[6].

In questa sede la questione è per noi di scarsa rilevanza, perché
entrambi i cantieri precedono comunque quello ferrarese (1130); tuttavia, sembrandoci i portali piacentini un antecedente più immediato e
significativo del portale ferrarese di quanto non appaia il Portale dello
Zodiaco, seguiremo l'opinione più diffusa adottando la cronologia
che antepone i lavori della Sacra di S. Michele a quelli di Piacenza[7].

---

3   L. FERRARI, *La Porta dello Zodiaco e gli inizi di Niccolò alla Sacra di S. Michele*, «Bollettino della
    Società Piemontese di architettura e belle arti», 1965, pp 21-34.

4   L. COCHETTI PRATESI, *Quesiti sulla discendenza niccoliana*, in *Nicholaus e l'arte del suo tempo*, Atti del
    seminario tenuto a Ferrara dal 21 al 24 settembre 1981, Ferrara, 1985, nota 48 p. 390.

5   A. M. ROMANINI, *La Cattedrale di Piacenza dal XII al XIII secolo*, «Bollettino storico piacentino»,
    gen.-apr. 1956, pp. 1-45 ed A.M. ROMANINI, *Per una "interpretazione" della Cattedrale di Piacenza*,
    ne *Il Duomo di Piacenza (1122-1972)*, Atti del convegno di studi storici in occasione dell'850°
    anniversario della fondazione della cattedrale, Piacenza, 1975, pp. 21-51.

6   C. VERZAR BORNSTEIN, *Nicholaus's Sculptures in Context*, in *Nicholaus e l'arte del suo tempo*, Atti del
    seminario tenuto a Ferrara dal 21 al 24 sett. 1981, Ferrara, 1985, p. 334.

7   Un'ipotesi da verificare, che farebbe datare a prima del 1122-23 le sculture di Nicholaus alla
    Sacra, è legata ad un viaggio in Italia dell'abate Suger, compiuto appunto in quegli anni (Cfr.
    O. VON SIMSON 1962, pp. 65 e 80-81). Poiché nei portali di facciata della chiesa di St.-Denis
    (1137) presso Parigi (di cui Suger fu l'ideatore) vi sono numerosi elementi figurativi che ci
    sembrano derivare dal Portale dello Zodiaco, si potrebbe dedurre che egli possa averli visti
    durante il suo viaggio verificando se fece tappa alla Sacra.

L'insieme costituito dal protiro e dal portale della facciata ferrarese si presenta dunque con una tipologia assai articolata che rappresenta il punto di arrivo di una sintesi di elementi architettonici e decorativi di diversa origine, coordinati allo scopo di esprimere precisi contenuti simbolici.

Abbiamo già constatato l'esistenza di uno schema geometrico alla base della sua definizione proporzionale; ora, prima di addentrarci nell'esame dei contenuti simbolici, cercheremo di famigliarizzarci brevemente con i suoi elementi costitutivi.

L'aspetto più appariscente dell'insieme è rappresentato dalla presenza del protiro, l'avancorpo a due piani che sormonta il portale, sostenuto da colonne impostate su atlanti seduti su leoni (Tav. 5). Il livello superiore, come è noto, appartiene al periodo del completamento gotico della facciata; ma si può considerare certo il fatto che un secondo livello fosse previsto anche dal progetto originario.

Questo tipo di protiro doppio, caratteristico delle cattedrali padane dell'inizio del XII secolo, aveva fatto la sua prima comparsa soltanto pochi anni prima nel duomo di Modena (1099) (Tav. 4).

Non si conosce ancora con certezza la ragione per cui Lanfranco, l'architetto modenese, avrebbe deciso di raddoppiare l'altezza di questo elemento architettonico, fino ad allora realizzato, sia in oriente che in occidente, soltanto in forma semplice; tuttavia non si è probabilmente molto lontani dal vero ritenendo questa innovazione come il semplice risultato dell'esigenza di coordinare le dimensioni del protiro con l'originale articolazione esterna delle pareti del duomo a logge cd arcate[8]; mentre, come vedremo più oltre, questa stessa articolazione sembra adombrare invece per parte sua un preciso contenuto simbolico. Altre interpretazioni, come ad esempio quella che collega il livello superiore a particolari usi liturgici, ci sembrano meno convincenti[9].

---

8   F. Gandolfo, *Il protiro romanico: nuove prospettive di interpretazione*, «Arte Medievale», Roma, n. 2, 1985b, pp. 67-76.

9   A. Roberti, *La Cattedrale nella storia e nella simbologia liturgica medioevale*, in *La Cattedrale di*

Il recupero del protiro in se stesso, il cui impiego valorizza in ogni caso l'ingresso in senso monumentale, potrebbe invece avere avuto il valore di un segnale politico in un momento di aperta lotta tra fazioni nell'ambito della disputa per le investiture.

Poiché, a quanto pare, il protiro era visto come un elemento tipico dell'architettura romana paleocristiana fino dall'età carolingia, la sua presenza era interpretata come una dichiarazione di parte e del rapporto privilegiato dei committenti con la fazione filo papale[10]. Dichiarazione che si fece più esplicita in seguito, nelle costruzioni successive, grazie all'aggiunta di figurazioni scolpite interpretabili in quel senso[11].

Il modello di protiro a due livelli inventato da Lanfranco ebbe in ogni caso una immediata fortuna in area padana, dove fu replicato già a Cremona (1106) e poi a Piacenza (1122). Nella cattedrale di Piacenza, anzi, tutti e tre i portali di facciata vennero sormontati da un protiro doppio; ma, al contrario che a Modena, dove la struttura architettonica era rimasta spoglia[12], essi vennero decorati con figurazioni a rilievo in parte volte a rafforzare il messaggio politico espresso dal protiro ed in parte introducendo un nuovo simbolismo cosmologico e teologico connesso con la sua forma geometrica.

Come già si è detto, Nicholaus realizzò una parte di queste sculture, lavorando al fianco di artisti di ambiente wiligelmico reduci dal cantiere di Nonantola (1121). Ed è da questa collaborazione che si sviluppò anche, con ogni probabilità, il nuovo modello di portale – antecedente diretto di quello ferrarese – caratterizzato dalla radicale rielaborazione del modello padano tradizionale e dalla comparsa di molteplici elementi di provenienza francese.

Ferrara, 1135-1935, raccolta di relazioni tenute in occasione dell'VIII centenario, Verona, 1937, p. 73.

10 C. VERZAR BORNSTEIN 1985, p. 334 e nota 6 pp. 334-335.

11 F. GANDOLFO 1985b, pp. 69 e 75.

12 Se si eccettuano le due coppie di animali affrontati ed i leoni stilofori, peraltro di reimpiego in quanto sculture romane del I sec. dC. Cfr. F. REBECCHI, Il *reimpiego di materiale antico nel duomo di Modena*, in *Lanfranco e Wiligelmo. Il Duomo di Modena*, Modena, 1985, p. 344.

Piacenza viveva, peraltro, in quegli anni, un momento assai ricco di apporti culturali e di sperimentazioni: vale la pena di ricordare, ad esempio, la singolarità dell'architettura della cattedrale piacentina nell'ambito padano, realizzata da maestranze extralocali con caratteri che ne fecero *una vera e propria isola di diretto contatto con le ricerche del primo XII secolo anglo-normanno*[13]. Motivo per il quale (le costruzioni normanne non prevedevano protiri sui portali), si ritiene che i tre protiri siano stati aggiunti alla facciata in corso d'opera, negli stessi anni della costruzione.

Prima però di passare a discutere la nuova tipologia del portale elaborata a Piacenza, sarà opportuno soffermarci ancora brevemente sulle decorazioni che comparvero sui tre protiri piacentini. Innanzitutto, dei tre, quello centrale ha dimensioni maggiori dei due laterali; ma, rispetto al protiro modenese, presenta in più soltanto una decorazione a nastro lungo la ghiera dell'arco, costituita da immagini di soggetto cosmologico: al vertice la mano destra, nimbata, di Dio, con ai lati le raffigurazioni del sole e della luna; poi, discendendo verso le imposte dell'arco, due stelle comete sospinte da angeli, i venti ed i dodici simboli zodiacali[14]. Quanto alle statue portacolonne, esse sono ancora soltanto due semplici leoni (Tav. 3), eseguiti in realtà in epoca rinascimentale, ma riproducenti, con ogni probabilità i soggetti originari[15].

È possibile che la rappresentazione dei simboli cosmologici sia derivata dalla decorazione del Portale dello Zodiaco della Sacra di S. Michele da cui proveniva Nicholaus, perché egli potrebbe aver avuto una parte non secondaria nell'elaborazione del programma decorativo piacentino. Tuttavia lo escluderemo perché non si possono non rile-

---

13   A.M. Romanini 1975, p. 26.

14   Immagini fotografiche di queste sculture e di quelle di cui parleremo in seguito, appartenenti ai protiri laterali ed al Portale dello Zodiaco, si possono trovare, raggruppate per singolo monumento, nell'Atlante fotografico allegato a *Nicholaus e l'arte del suo tempo*, Atti del seminario tenuto a Ferrara dal 21 al 24 sett. 1981, Ferrara, 1985.

15   Il protiro centrale è attualmente rimaneggiato con l'aggiunta di inserti che ne hanno alterato il più semplice aspetto originario ora descritto. Cfr. A. Gigli, *Introduzione ai restauri dell'apparato plastico dei portali della Cattedrale di Piacenza*, in *Nicholaus e l'arte del suo tempo*, Atti del seminario tenuto a Ferrara dal 21 al 24 sett. 1981, Ferrara, 1985, pp. 285-308.

vare le notevoli differenze che contraddistinguono le rappresentazioni cosmologiche nei due casi, a cominciare dai soggetti: mentre alla Sacra i segni zodiacali sono accompagnati dalla rappresentazione di altre sedici costellazioni, a Piacenza li troviamo invece associati alle immagini del sole, della luna, delle stelle e dei venti. Diversa è anche la dislocazione delle sculture: nel Portale dello Zodiaco esse si sviluppano verticalmente sulla faccia interna degli stipiti invece di essere associate, come a Piacenza, alla curvatura dell'arco: una posizione molto inconsueta (la prima) che si troverà però ripetuta nei portali della chiesa di St.-Denis. Inoltre i modelli e lo stile appartengono chiaramente a due scuole figurative distinte (peraltro non sembrandoci attribuibili in nessuno dei due casi alla mano di Nicholaus).

Infine, ma questo fatto potrebbe essere solo legato alle consuetudini locali, l'anno viene fatto iniziare alla Sacra con il segno dell'Acquario (Gennaio), mentre a Piacenza esso comincia con il segno dell'Ariete (Marzo).

Le sculture che decorano la fronte dei due protiri minori laterali sono invece un po' più ricche e prospettano temi di contenuto teologico e politico.

Entrambi i protiri presentano la ghiera dell'arco decorata con fioroni stilizzati inclusi in cassettine quadrate; ma nei pennacchi compaiono ora nuove raffigurazioni: nel protiro di sinistra le figure di S. Giovanni Evangelista e di S. Giovanni Battista indicanti *l'Agnus Dei* con croce astile, posto tra loro al vertice dell'arco; in quello di destra le figure dei profeti Enoch ed Elia.

Lo spunto compositivo per queste raffigurazioni è stato probabilmente suggerito, agli artisti piacentini[16], da un portale francese molto importante per l'influsso che esercitò anche sullo sviluppo della successiva decorazione dei portali romanici di Francia: la Porta Miègeville della chiesa di St.-Sernin di Tolosa, realizzata tra il 1100 e

---

16 F. GANDOLFO, *I programmi decorativi nei protiri di Niccolò*, in *Nicholaus e l'arte del suo tempo*, Atti del seminario tenuto a Ferrara dal 21 al 24 sett. 1981, Ferrara, 1985 a, p. 517; M. DURLIAT, *Nicholaus et Gilabertus*, in *Nicholaus e l'arte del suo tempo*, Atti del seminario tenuto a Ferrara dal 21 al 24 sett. 1981, Ferrara, 1985, pp. 161-162.

il 1115[17], nella quale, ai lati dell'arco si trovano le figure di S. Pietro e di S. Giacomo (Tav. 2).

In realtà il motivo delle due figure ai lati di un arco è assai più antico, risalendo alle decorazioni musive degli archi trionfali delle prime basiliche romane; è possibile pertanto che la sua adozione, nel nostro caso, non manchi di configurare anche un implicito omaggio alla sede papale[18]. Ma, mentre il prevalente valore dei due S. Giovanni ci sembra essere quello letterale cristologico, la rappresentazione di Enoch ed Elia, i due profeti che secondo i commenti *dell'Apocalisse* erano risorti tre giorni dopo essere stati uccisi dall'Anticristo, dovrebbe alludere alla vittoria del partito filo papale nel lacerante scontro scismatico con la fazione imperiale (come è noto, gli antipapi erano considerati rappresentanti dell'Anticristo)[19], chiusosi proprio nel 1122 con il trattato stipulato a Worms.

A rafforzare l'ipotesi della conoscenza dei motivi decorativi della Porta Miègeville da parte degli artisti piacentini, potrebbero essere anche altri elementi, in ogni caso radicalmente rielaborati a Piacenza in modo originale.

Nei protiri laterali piacentini, le colonne non poggiano più, come a Modena o nello stesso portale centrale, su una coppia di leoni: ognuna di esse è bensì impostata su un atlante, una figura allegorica che era già comparsa nella decorazione a rilievo della cattedrale di Modena nel momento wiligelmico[20] e che qui viene ripresentata a tutto tondo forse per la prima volta. Questi atlanti porta colonne sono rappresentati seduti; ma, per ciascun protiro, uno di essi siede a cavalcioni di un animale: un agnello nel protiro di sinistra ed un grifone nel protiro di destra. Proprio la stessa positura di alcune figurine che cavalcano

17 M. DURLIAT, *Saint-Sernin de Toulouse*, Toulouse, 1986, p. 95.

18 Una storia di questo motivo iconografico e della sua evoluzione è tratteggiata in F. GANDOLFO 1985 a, pp. 522-526.

19 F. GANDOLFO 1985 a, pp. 520-521.

20 F. GANDOLFO 1985 a, p. 540 ed A. CAMPANA, *La testimonianza delle iscrizioni, in Lanfranco e Wiligelmo. Il Duomo di Modena*, Modena, 1985, pp. 370-372.

dei leoni e che simbolizzano probabilmente dei peccati, che si trovano scolpiti in una delle mensole su cui poggia l'architrave ed in un pannello sotto la figura di S. Giacomo alla Porta Miègeville[21]. Ma, forse, per questa tipologia, non occorre rifarsi a Tolosa, perché analoghe figurine a cavalcioni di animali o di mostri si trovano anche nel fregio a viluppi vegetali che avvolge il portale di Modena; così come, nello stesso portale, nei capitelli su cui poggia l'architrave, compare il motivo del telamone giovane e del telamone vecchio, riproposto dagli scultori piacentini in ognuna delle due coppie di atlanti dei protiri laterali, che si trova anche, forse casualmente, nella decorazione della Porta Miègeville: al di sopra della figura di S. Giacomo sono infatti rappresentate due piccole figure curve di uomini seduti, intrecciati a viticci, l'uno giovane e l'altro di età avanzata[22].

Passando finalmente ad esaminare i portali (Tav. 3), dal confronto con quelli delle chiese della regione padana aventi il loro prototipo a Modena, ci rendiamo facilmente conto di essere di fronte ad una tipologia del tutto nuova.

La novità più appariscente riguarda la trasformazione degli stipiti, che, da semplici bordure decorate delle porte, quali ad esempio quelli dello stesso portale della cattedrale di Modena (1099) (Tav. 4) o delle chiese abbaziali di Nonantola (1121) o della Sacra di S. Michele (1114)[23] (Fig. 23) si fanno assai più complessi e vengono sostituiti con stipiti tagliati in obliquo a formare una profonda strombatura in spessore di muro nella quale si trova dipiegato un sistema ad elementi multipli basato sull'alternanza di pilastrini e colonnine sormontati da archivolti a tutto sesto che avrà in seguito una diffusione europea (Tav. 3).

---

[21] F. Gandolfo 1985 a, pp. 517-518 ed M. Durliat 1986, pp. 88-89.

[22] M. Durliat 1986, pp. 88-89.

[23] L'attuale Portale dello Zodiaco non è quello originale e si trova inserito in un muro del terzo quarto del XII secolo ed è composto di elementi appartenenti al primitivo portale (scomparso con l'edificio del complesso abbaziale cui apparteneva) e di parti di probabile diversa origine. La Fig. 23 rappresenta un tentativo di ricostruzione del portale originale proposto dalla Verzar Bornstein, che probabilmente avvicina con buona approssimazione l'aspetto originario. Cfr. L. Ferrari 1965, p. 23 e C. Verzar Bornstein 1985, Fig. 21, p. 356.

Anche questa innovazione sembra però avere a Tolosa il suo precedente, nel più antico portale della chiesa di Saint-Sernin, la Porta dei Conti, situata all'estremità del braccio meridionale del transetto e realizzata attorno all'anno 1082. Costituita da una coppia di fornici gemelli ad imitazione di talune porte romane di ingresso alla città, questa porta viene ritenuta la prima a presentare gli stipiti strombati ed articolati in colonnine e pilastrini[24].

Un'altra importante novità riguarda l'apparato decorativo. I temi caratteristici degli stipiti wiligelmici, i ricchi fregi di tralci vegetali «abitati» da figurine umane od animali e le sequenze di apostoli e profeti o di scenette neotestamentarie inserite in cornici ad arcatelle, restano ancora i motivi di base della decorazione dei portali piacentini; ma la loro dislocazione viene ora ripensata. I fregi, da bordure estese all'intero perimetro, vengono limitati alla sola fascia semicircolare che circonda la lunetta (la quale, per parte sua, da aperta che era, viene ora tamponata per essere forse decorata con pitture); mentre le altre sculture degli stipiti di cui si è detto, vengono trasposte sulla fronte dell'architrave costituendo un motivo continuo ad arcatelle: in particolare, nell'architrave del portale nord, troviamo riprodotti con notevoli coincidenze formali gli stessi episodi dell'infanzia di Cristo scolpiti nello stipite destro del portale della chiesa abbaziale di Nonantola[25].

L'insistita discussione che abbiamo dedicato fino ad ora al rinnovamento dei portali piacentini nei confronti del precedente modello wiligelmico, dovrebbe ora farci apparire più familiari anche i caratteri morfologici del portale ferrarese, che ne sono un'evidente derivazione (Tav. 5).

---

[24] M. DURLIAT 1986, p. 71.

[25] Più esaurienti e dettagliate argomentazioni circa il nuovo modello di portale elaborato a Piacenza si possono trovare in A. GIGLI, *Per una tipologia dei portali romanici piacentini*, «Bollettino Storico Piacentino», luglio-dicembre 1982, pp. 139-161 e L. COCHETTI PRATESI, *La decorazione plastica della Cattedrale di Piacenza*, in *Il Duomo di Piacenza. 1122-1972*, Atti del convegno di studi storici in occasione dell'850° anniversario della fondazione, Piacenza, 1975, pp. 53-70.

23. La ricostruzione del Portale dello Zodiaco della Sacra di S. Michele alla Chiusa proposta dalla Verzar Bornstein.

L'evoluzione fatta registrare a Piacenza non era stata comunque casuale; essa deve infatti essere propriamente riguardata come un tentativo di adeguare le forme dell'espressione artistica ai nuovi contenuti spirituali che si andavano delineando in quegli anni.

Il trasferimento dei centri della cultura dal chiuso dei monasteri alle città ed alle scuole cattedrali rivitalizzate dalla politica della Riforma gregoriana, che tendeva ad assecondare i rinnovati slanci di religiosità che si richiamavano direttamente ai Vangeli ed all'imitazione di Cristo, avevano infatti attivato un ampio e aperto dibattito culturale che non avrebbe potuto non riflettersi anche sulle espressioni dell'arte.

Dopo aver partecipato al rinnovamento dei programmi decorativi dei portali piacentini, Nicholaus, chiamato a Ferrara per il nuovo duomo, si pose sulla stessa linea di ricerca figurativa intrapresa a Piacenza. Lo stemperarsi della polemica politica e l'accentuarsi del dibattito teologico – come si diceva, incentrato sulla figura di Cristo e sul tema della incarnazione – lo portarono però ad elaborare un programma più aggiornato, in cui venivano ampiamente privilegiati, sugli altri, i contenuti teologici e cristologici.

Il nuovo piano decorativo venne però concentrato sul solo portale centrale – i portali laterali, al contrario che a Piacenza, furono realizzati senza protiri e quasi spogli di sculture – e richiese naturalmente l'introduzione di un certo numero di nuove immagini; nondimeno esso fece acquisire anche a quelle riprese dal repertorio piacentino uno spessore simbolico ben più ricco ed articolato di quanto non avessero avuto in precedenza.

L'idea guida del programma di Nicholaus era quella di dare il massimo risalto alla figura di Cristo; e questo intento traspare già dalla grande evidenza architettonica e decorativa che egli riservò al portale centrale rispetto agli altri due. Infatti, se è vero, come crediamo, che il numero dei portali voglia alludere alle persone della Trinità[26], troviamo a Ferrara enfatizzato proprio il portale che si identifica con Cristo, come dimostra *l'Agnus Dei* che ne è il simbolo, posto al vertice dell'arco del protiro (Tav. 5).

Ma l'intento di Nicholaus appare anche più evidente e significativo se si osserva che a Piacenza il portale con *l'Agnus Dei* era quello di sinistra, mentre quello centrale era ancora riservato alla figura del Creatore, di cui è simbolo la mano destra nimbata posta al vertice dell'arco del protiro decorato con le figurazioni astrologiche, che ne

---

²⁶ Questo simbolismo è presente ad esempio nella chiesa di St.-Denis. Cfr. G. DUBY 1977, p. 128.

fanno l'equivalente della volta del cielo; mentre a Ferrara questo simbolo si trova trasferito nel portale di destra (Tav. 6).

Cristo diviene così, a Ferrara, la figura emergente nell'ambito della Trinità e Nicholaus, riflettendo l'evoluzione del pensiero teologico compiutasi negli anni intercorsi tra la fondazione della cattedrale di Piacenza e quella di Ferrara, ne traduce visibilmente la rilevanza, collocandolo in posizione centrale e facendone la «vera porta»[27].

Nella visione di Nicholaus, dunque, tutto sembra confluire in Cristo e tutto sembra da lui dipartirsi. Anche i temi trattati dalle sculture perciò, come vedremo, saranno volti a dare alla figura del Redentore un significato che, facendone il centro dell'universo ed il punto di riferimento tanto per l'ordine naturale che per il destino dell'uomo, rivelano il sostrato platonico-pitagorico che li sottende e che li porta ad integrarsi perfettamente con il simbolismo cosmologico della cattedrale e con le scelte progettuali della sua architettura.

Per conseguire questi risultati Nicholaus condensò in un solo portale quello che a Piacenza era distribuito su tre, trovandosi perciò necessariamente costretto ad eliminare alcune delle decorazioni precedenti. Così, ad esempio, sulla fronte del protiro ferrarese vengono conservate soltanto le figure dei due S. Giovanni e *dell'Agnus Dei* (Tav. 5); mentre al di sotto delle colonne del protiro troviamo una soluzione che fonde le due precedenti: una coppia di atlanti seduti su leoni (Tav. 5).

Sotto il profilo decorativo il sottostante portale viene invece quasi completamente rinnovato.

Partendo dall'alto troviamo subito un primo elemento originale: un bassorilievo rappresentante S. Giorgio a cavallo che travolge il

---

[27] Come si potrebbe osservare, anche a Modena il portale centrale è reso monumentale dal protiro mentre i due laterali ne sono privi. Ma questi ultimi, aperti in un secondo momento, non appartengono alla cattedrale primitiva (Cfr. A. PERONI, *L'architetto Lanfranco e la struttura del duomo*, in *Lanfranco e Wiligelmo. Il duomo di Modena*, Modena, 1985, p. 148): se questo simbolismo esiste deve perciò ritenersi aggiunto *a posteriori* Mentre il completamento gotico della facciata del duomo di Ferrara, realizzato mediante l'insolita soluzione a tre cuspidi di altezza uguale, potrebbe essere un tentativo di compensare *a posteriori* l'eccessiva enfasi data da Nicholaus alla persona di Cristo nell'ambito trinitario.

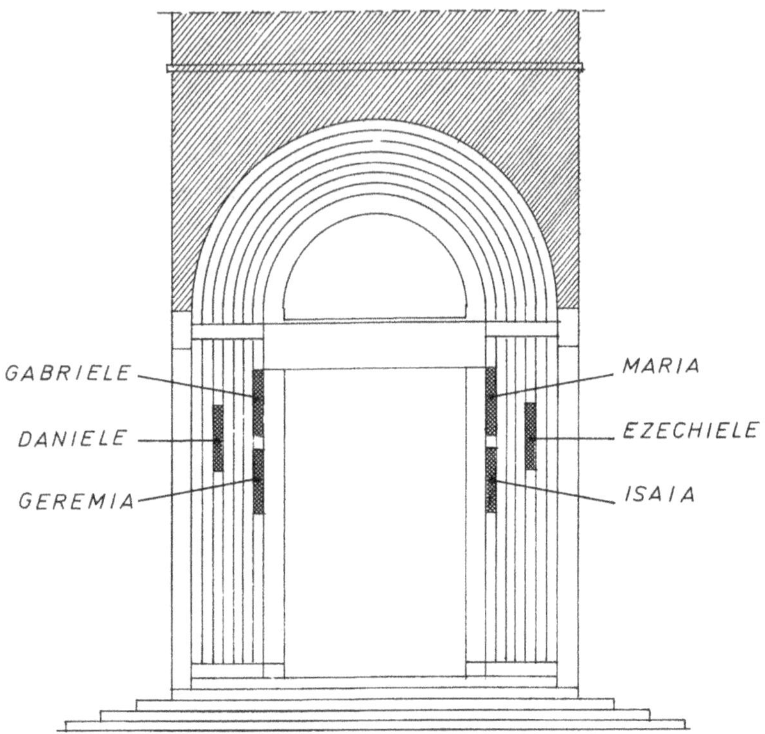

24. Ferrara. La dislocazione dei profeti e delle figure dell'Annunciazione negli stipiti strombati del portale centrale.

drago (Tav. 7), scolpito nella lunetta sopra l'architrave in sostituzione delle probabili pitture che decoravano i timpani piacentini[28]; rappresentazione che potrebbe anche costituire il primo esempio di lunetta scolpita realizzato nell'Italia settentrionale[29].

---

[28] A. GIGLI 1982, p. 156.

[29] Di questo avviso sono M. GOSEBRUCH, *L'arte di Nicholaus nel quadro del romanico europeo*, in *Nicholaus e l'arte del suo tempo*, Atti del seminario tenutosi a Ferrara dal 21 al 24 settembre 1981, Ferrara, 1985, p. 128 e C. VERZAR BORNSTEIN 1985, p. 341 e nota 32 pp. 341-342, la quale ritiene posteriore al 1135 anche la lunetta della chiesa di S. Michele di Pavia. Non mancano però i pareri contrari di altri studiosi (Cfr. A. GIGLI 1982, p. 156).

L'architrave (Tav. 7) non presenta invece alcuna novità: cambia soltanto il numero delle scenette inerenti la vita di Cristo che a Piacenza erano distribuite sugli architravi dei due portali laterali, e che viene ora necessariamente ridotto.

Infine, nelle modanature di sezione quadrata degli stipiti, che a Piacenza erano rimaste del tutto disadorne, compaiono ora le figure dei profeti maggiori Daniele, Geremia, Ezechiele ed Isaia con in mano cartigli contenenti l'essenza dei loro messaggi profetici e quelle dell'arcangelo Gabriele e della Vergine Maria (Fig. 24), accompagnate da una grande quantità di figurine fitomorfe e zoomorfe incluse in piccole cornici quadrate o a forma di arcatella (Tav. 9).

L'articolata trattazione cristologica di Nicholaus non si avvale dunque che di un numero limitato di elementi; ma prima di procedere all'esame dei suoi contenuti ci sembra interessante discutere la composita derivazione stilistica che fece non a torto definire Nicholaus *lo scultore più aperto e ricettivo della generazione post wiligelmica*[30].

Come già abbiamo ricordato, la presenza di Nicholaus a Piacenza coincise con il momento della comparsa delle prime decorazioni scolpite nei protiri e con la rielaborazione strutturale e decorativa dei portali, che abbiamo mostrato avvenire per l'influsso di modelli francesi.

Questo fatto ed altri che diremo tra poco ci hanno portato ad ipotizzare che la regione della formazione artistica di Nicholaus potesse essere la Francia. In realtà, già nel suo primo lavoro noto, il Portale dello Zodiaco alla Sacra di S. Michele, egli non manca di utilizzare anche elementi figurativi che sembrano presi dalla tradizione wiligelmica. Infatti nell'impianto dalle caratteristiche tipologiche complessive che diremmo francesi, quale quello della Sacra (Fig. 23), troviamo associati a capitelli figurati di contenuto narrativo – peraltro

---

30 F. ZULIANI, *Nicholaus, Venezia e Bisanzio*, in *Nicholaus e l'arte del suo tempo*, Atti del seminario tenuto a Ferrara dal 21 al 24 seti. 1981, Ferrara, 1985, p. 494.

forse i primi di questo genere realizzati in Italia[31] – degli stipiti decorati con tralci abitati della più classica tradizione modenese.

Giungendo a Ferrara, Nicholaus si trovò però di fronte ad una nuova tradizione figurativa: quella alto adriatica e bizantina che, a causa della vicinanza della città a Venezia ed a Ravenna, sicuramente caratterizzava a quel tempo il pur modesto ambiente artistico ferrarese. Impatto che non restò senza echi nella successiva produzione del nostro scultore.

Il modo in cui furono rappresentate le figurine fitomorfe e zoomorfe degli stipiti, ad esempio, isolate entro cornici di varia forma (Tav. 9), è un carattere tipico dei modelli decorativi bizantini, che Nicholaus riprese probabilmente da avori o da bassorilievi in pietra presenti a Ferrara[32]. Così come significativo appare sotto questo profilo il cambio di abbigliamento di S. Giovanni Battista, che a Ferrara (e poi in seguito a Verona) indossa un caratteristico mantello con bordo di pelliccia intrecciata, sicuramente riferibile ad un avorio bizantino di produzione macedone del X o XI secolo[33], mentre a Piacenza era ancora abbigliato con la classica tunica di foggia romana (Tav. 10a-b).

Infine la ieraticità e l'atteggiamento di Maria, il cui culto era molto radicato e diffuso in ambiente alto adriatico, potrebbero a loro volta riflettere il contatto con prototipi bizantini.

Mentre può essere interessante notare che Nicholaus, forse a causa del dissidio esistente tra la diocesi di Ferrara e quella di Ravenna, ma più probabilmente in omaggio alla sede papale, sostituì sistematicamente con foglie di acanto, tipiche dell'arte romana, le foglie di vite ed i grappoli d'uva, caratteristici dell'arte cristiana ravennate.

Ma Nicholaus non smise di seguire con attenzione anche quanto stava avvenendo in Francia, o, per meglio dire, a Tolosa, nel campo della rappresentazione artistica. La caratteristica tipologia angolare

---

[31]   C. Verzar Bornstein 1985, p. 337.

[32]   F. Zuliani 1985, pp. 493-503.

[33]   F. Zuliani 1985, p. 495.

dei suoi profeti, dell'arcangelo Gabriele e di Maria (Tav. 11) riprende infatti un'invenzione tolosana dovuta a Gilabertus, che realizzò con criteri analoghi due apostoli ora al museo degli Augustins ma originariamente appartenenti allo scomparso portale della sala capitolare della chiesa di St.-Etienne (Tav. 12)[34].

In realtà questa discendenza, che rappresenta una questione molto discussa ed ancora aperta che coinvolge anche le scomparse figure angolari dei portali della chiesa di St.-Denis[35], potrebbe non costituire un motivo sufficiente per ipotizzare un rapporto diretto tra Nicholaus e Gilabertus o anche soltanto tra Nicholaus e Tolosa, specialmente per il diverso carattere formale delle due opere: più decorativa e calligrafica quella ferrarese rispetto alla plasticità ed alla scala quasi architettonica dell'altra[36] (ma, forse, non è corretto giudicare un'opera al di fuori del suo contesto; e quella ferrarese risente del decorativismo bizantino). Tuttavia questa analogia testimonia l'attenzione di Nicholaus che appare tanto più interessante in quanto i caratteri del suo stile ci sembrano vicini a quelli del gruppo di scultori attivo a Tolosa presso la chiesa della Daurade dal 1115 al 1125-30 che va sotto il nome di «secondo atelier».

Questi stretti rapporti anche artistici tra Tolosa, Piacenza e Ferrara, più volte ribaditi, non erano però casuali. Essi vanno infatti intesi alla luce dell'importante fattore di unificazione rappresentato dalla loro comune adesione alla politica canonicale svolta dai papi Callisto II, Onorio II e Innocenzo II tra il 1120 e il 1135[37], volta, nel campo della religiosità, al recupero dei caratteri primitivi salvifici ed universalistici del cristianesimo, imperniati su un Cristo pantocratore e dai contorni umanizzati quali quelli che vedremo emergere con chiarezza dall'esame iconologico delle sculture del portale ferrarese.

---

[34] M. DURLIAT 1985, p. 160.

[35] Si veda M. GOSEBRUCH 1985, p. 118.

[36] M. DURLIAT 1985, p. 161.

[37] A. SAMARITANI, *Società, cultura ed istituzioni sulle vie di Nicholaus*, in *Nicholaus e l'arte del suo tempo*, Atti del seminario tenuto a Ferrara dal 21 al 24 settembre 1981, Ferrara, 1985, p. 650.

Il favore incontrato negli strati popolari da queste forme di religiosità, peraltro, spiega la spontanea adesione dei movimenti precomunali e comunali alla politica papale di quegli anni ed il fatto che in alcune città, tra le quali proprio Tolosa, Piacenza e Ferrara l'intervento diretto papale, d'intesa con le forze comunali e popolari, fu di gran lunga più importante, nella erezione e nella elaborazione dei moduli artistici delle nuove cattedrali, di quello dello stesso vescovo e delle classi nobiliari[38].

Il rapporto diretto tra Ferrara e Piacenza, poi – che ebbe nel cardinale Azzo, attivo esponente della riforma canonicale dei papi e preposito della chiesa piacentina di S. Antonino[39], una figura di primo piano (egli fu il latore dell'autorizzazione pontificia all'erezione del nuovo duomo ed il rappresentante di Innocenzo II nella definizione degli atti legali inerenti la donazione del terreno alla S. Sede) – oltre a rappresentare, come abbiamo visto, il punto di riferimento per il modello del portale e per la sua decorazione, fornì a Nicholaus anche nuovi motivi iconografici che meritano di essere rilevati.

I modi con cui lo scultore replicò, a Ferrara, sull'architrave del portale, gli episodi dell'infanzia di Cristo (Tav. 7), presentano infatti alcune varianti rispetto ai corrispondenti piacentini che sembrano da ascrivere all'influsso di un codice miniato attualmente conservato all'Archivio Capitolare[40]. Ma potrebbe anche essere che non fu il Cod. 65 ad influire sui rilievi ferraresi quanto piuttosto che entrambi derivarono da fonti iconografiche diverse da quelle impiegate dallo scultore wiligelmico che realizzò le decorazioni del portale sinistro (Tav. 8).

I sette episodi ripresi a Ferrara (Visitazione, Natività, Annuncio ai pastori, Adorazione dei magi, Presentazione al Tempio, Fuga in

---

[38] A. SAMARITANI 1985, p. 649.

[39] A. SAMARITANI 1985, p. 653.

[40] Si tratta del Cod. 65, il testo fondamentale della liturgia piacentina. Ricordiamo però che i rilievi dell'architrave del portale di sinistra non appartengono a Nicholaus ma sono attribuiti a un non meglio precisato scultore wiligelmico.

Egitto e Battesimo di Gesù) fanno parte di un limitato e ripetitivo numero di avvenimenti evangelici che venivano costantemente illustrati nelle miniature, nelle sculture e nelle vetrate del XII e del XIII secolo. Questo repertorio, assai diverso da quello dei primi secoli, in cui vengono soprattutto rappresentati gli episodi inerenti ai miracoli, si spiega con le scelte operate dai liturgisti che in tal modo intendevano sottoporre alla meditazione dei fedeli gli episodi ritenuti più densi di significato che coincidevano con le feste del calendario liturgico del XII e del XIII secolo. Così, ad esempio, la Presentazione al Tempio, celebrata all'inizio di febbraio e nota come festa della Candelora, intendeva ricordare che il Figlio di Dio, venuto a portare la nuova legge, aveva anche voluto sottomettersi all'Antica Legge. L'Adorazione dei magi alludeva al riconoscimento della divinità di Cristo anche da parte dei Gentili. Ed il Battesimo, infine, ricordava l'avvenuta proclamazione dall'alto della divinità di Cristo[41].

Dei quattro episodi piacentini soppressi, quello dell'Annunciazione (il primo del portale di sinistra) fu tolto però dall'architrave con l'intento di dargli a Ferrara una maggiore importanza, come risulta dall'inserimento delle figure dell'angelo e di Maria negli stipiti, una per ciascun lato del portale (Fig. 24). Mentre gli altri tre (gli ultimi del portale di destra), aventi per soggetto le tentazioni di Cristo da parte del demonio, furono probabilmente eliminati per il superamento del contenuto politico di cui erano portatori, che alludeva alla conclusa lotta per le investiture, nella quale la chiesa di Roma, fortificata come Cristo dallo Spirito Santo, era uscita vittoriosa dalle difficili prove cui l'aveva sottoposta l'Anticristo.

Tra gli episodi evangelici dell'architrave e le figure scolpite negli stipiti, è stata comunque proposta una interessante relazione che, se vera, costituirebbe il tema ispiratore della composizione di Nicholaus. Secondo questa ipotesi, formulata da Julien Durand nel 1888 sulla

---

[41] Per una trattazione più approfondita di questo argomento si veda E. MÂLE, *Le origini del gotico*, Milano, 1986, pp. 185-214 (titolo originale: *L'art religieux du siècle en France. Etude sur l'iconographie du Moyen Age et sur ses sources d'inspiration*, 1898).

base delle scritte contenute nei cartigli tenuti dalle figure, il tema compositivo sarebbe stato fornito da un testo del teatro liturgico medioevale incentrato sul mistero della natività, denominato *Sermo Sancti Augustini in natali Domini,* nel quale vari personaggi vetero e neo testamentari venivano invitati a testimoniare la venuta di Cristo[42]. In ogni caso, le scenette dell'architrave, che possono vantare precedenti a Nonantola ed a Piacenza e sono basate sui racconti evangelici di Luca e di Matteo, non mancano di possedere anche una loro autonomia[43].

Tornando al discorso sulle innovazioni iconografiche introdotte nelle scenette ferraresi, porteremo ora alcuni esempi delle analogie che le avvicinano al Cod. 65.

Consideriamo per primo l'episodio della Adorazione dei magi, che, come a Piacenza (Tav. 15), occupa uno spazio doppio (Tav. 13). A prima vista le due rappresentazioni appaiono molto simili; ma se le si osserva più attentamente, si colgono molte varianti che fanno ricordare la miniatura c. 232 v. del Cod. 65 (Tav. 16). Innanzitutto la spaziatura tra le figure, che conferisce all'insieme una maggiore ariosità rispetto alla scenetta di Piacenza; poi le modifiche al gruppo della Vergine e del Bambino: la rappresentazione tende alla frontalità, il trono viene modificato, la Madonna non ha più sul capo la corona ma il velo, appaiono le aureole e l'atteggiamento del piccolo Gesù muta vistosamente; ed infine i magi: sul loro capo i berretti di tipo frigio vengono sostituiti con corone[44], gli atteggiamenti mutano – special-

---

[42] Cfr. G. ZANICHELLI, *Iconologia di Niccolò a Ferrara,* in *Nicholaus e l'arte del suo tempo,* Atti del seminario tenuto a Ferrara dal 21 al 24 settembre 1981, Ferrara, 1985, pp. 565-566. Anche per la cattedrale di Modena Julien Durand ha avanzato un'analoga ipotesi che riguarda il racconto sviluppato sulle lastre di facciata. Cfr. C. FRUGONI, *Le lastre veterotestamentarie di facciata,* in *Lanfranco e Wiligelmo. Il Duomo di Modena,* Modena, 1985, pp. 426 e 431.

[43] Circa la predilezione per Luca nell'ambito della riforma apostolica gregoriana si veda M.D. CHENU 1986, pp. 262-263.

[44] Il significato di questo mutamento iconografico va ricercato nell'ambito delle allusioni di carattere politico ed intende sottolineare il diritto di sovranità della Chiesa sui potenti della terra. Cfr. G. ZANICHELLI 1985, p. 568.

mente quello del mago in ginocchio[45] – così come gli abiti e le mani tendono ad essere scoperte, tranne che nel caso dell'ultimo mago, il quale assume peraltro l'aspetto di un giovane[46].

La rappresentazione della Natività (Tav. 17) si attiene invece decisamente alla composizione dell'iconografia piacentina, pur dovendosi sviluppare in uno spazio dimezzato. Tuttavia alcuni particolari minori non mancano di richiamare la miniatura (foglio c. 228 v.) (Tav. 18): la ricca pieghettatura sulla fronte del velo della Vergine, i caratteri somatici del bue e dell'asinello ed infine la posizione della Madonna che sembra avere una qualche attinenza con quella del Gesù Bambino miniato.

Nella maggiore vivacità di insieme che accomuna la scenetta scolpita dell'Annuncio ai Pastori (Tav. 19) al foglio miniato c. 229 r. del Cod. 65 (Tav. 20), infine, ci sembra di cogliere l'elemento di collegamento tra le due opere, soprattutto evidente nel particolare del gruppo delle caprette inerpicate. Degno di nota è inoltre il gesto che riprende un altro atteggiamento di origine orientale: quello della mano chiusa con l'indice diretto verso l'alto (che in Nicholaus sembra da intendere soprattutto come un moto dei pastori che si indicano la stella), che rappresentava, in origine, un gesto di omaggio tributato al dio Ahura-Mazda ed agli stessi re sassanidi, come mostrano alcuni bassorilievi persiani del III secolo[47].

---

[45] La posizione inginocchiata di uno dei magi costituisce una variante alla tradizionale rappresentazione con le tre figure in piedi, introdotta in Francia nel XII secolo, il cui primo esempio è forse quello del portale nord della chiesa di Saint-Gilles (1116). Cfr. M. GOSEBRUCH 1985, p. 122.

[46] Un precedente alla giovane età del mago ferrarese si trova nel portale di Nonantola, dove ben due magi non portano la barba (Tav. 14). L'episodio di Nonantola presenta del resto analogie tanto con Ferrara che con Piacenza: tra le prime l'atteggiamento del Bambino Gesù, l'abbigliamento della Vergine ed il particolare delle mani del mago coperte dal mantello; tra le seconde i pesanti paludamenti ed i copricapi indossati dai magi. A proposito della foggia dell'abbigliamento dei magi e dei loro berretti, essa si spiega con la circostanza che lega il tema iconografico dell'Adorazione con l'intento dei primi cristiani di mostrare il trionfo di Cristo sul dio persiano Mithra. Anche l'uso di occultare rispettosamente le mani sotto il mantello, che qui troviamo rappresentato, è di origine persiana e veniva già praticato alla corte dei sovrani Achemenidi (700-330 aC). Cfr. R. GHIRSHMAN, *Arte persiana: Parti e Sassanidi*, Milano, 1962, p. 294 (titolo originale: *Iran: Parthes et Sassanides*, 1962).

[47] R. GHIRSHMAN 1962, p. 294 e Fig. 379.

Altre corrispondenze ancora potrebbero essere messe in evidenza tra gli episodi dell'architrave e le miniature del Cod. 65, come ad esempio quella tra l'armatura e lo scudo del S. Giorgio a cavallo della lunetta (Tav. 7) e l'abbigliamento e le armi dei soldati posti a guardia del sepolcro (foglio miniato c. 234); ma riteniamo quanto già abbiamo detto sufficiente a motivare la tesi del rapporto tra il Cod. 65 e lo stile di Nicholaus.

Concluso così l'esame degli argomenti preliminari, possiamo passare allo studio del simbolismo espresso dal portale, che, come già abbiamo anticipato, si incentra a Ferrara sulla figura di Cristo.

L'instaurarsi della corrispondenza tra Cristo e portale va ricercata nel *Vangelo di Giovanni,* nel quale viene riportata una affermazione rivelatrice, secondo la quale Cristo aveva detto di sè: *Io sono la porta: chi entrerà attraverso me sarà salvo* (Giov. 10, 9); affermazione in linea con la connotazione simbolica di fondo della porta, basata sul significato letterale di luogo di passaggio tra due mondi o tra due diverse realtà. Ma la metafora evangelica dette l'avvio ad una serie di rimandi concettuali che, oltre a rendere più articolato il simbolismo del portale, ebbe un effetto di ritorno anche sulla figura di Cristo che si arricchì di nuovi contenuti. Così, ad esempio, la constatazione che anche l'edificio sacro nel suo insieme era di fatto una porta verso il regno di Dio (constatazione che, comportando l'equivalenza tra portale ed edificio, faceva estendere anche al portale il simbolismo cosmologico proprio della chiesa[48]) induceva per riflesso anche la corrispondenza tra Cristo e cosmo e tra Cristo ed edificio sacro[49].

---

[48] T. Burckhardt, 1976, p. 89.

[49] Queste convergenze simboliche erano state affermate peraltro anche per altre vie. Ugo di San Vittore (c. 1096-1141), ad esempio, avvalorò esplicitamente l'equivalenza cosmo-Cristo, riflettendo sul fatto che se la creazione rappresentava la prima autorivelazione di Dio, l'incarnazione del Verbo ne costituiva la seconda. Cfr. O. Von Simson 1962, pp. 35-36 e nota 38 p. 36. Quanto alla corrispondenza tra Cristo e chiesa, come abbiamo ricordato nel capitolo precedente, essa aveva addirittura l'avallo di una asserzione di Cristo, che, alludendo alla sua resurrezione, aveva paragonato il proprio corpo al Tempio di Gerusalemme (Giov. 2, 19-21).

Non deve stupire, perciò, se nel programma decorativo elaborato da Nicholaus si troveranno, accostati gli uni agli altri, elementi che esprimono il simbolismo della porta come luogo di passaggio, altri che sottolineano l'immagine di cosmo ed altri ancora che tratteggiano contenuti più propriamente teologici e cristologici (da intendersi tutti naturalmente, come dimensioni della medesima realtà).

La prima di queste dimensioni simboliche, quella letterale, legata al significato della porta come luogo di passaggio, venne resa attuale da Nicholaus attraverso la raffigurazione dei leoni stilofori del protiro. Queste figure, che gli artisti romanici avevano riproposto nelle decorazioni dei loro portali traendole dal novero degli animali-guardiani degli antichi palazzi e dei templi della regione medio orientale, avevano infatti lo scopo di annunciare, con la loro presenza, la realtà sacrale che attendeva coloro che avrebbero varcato la soglia[50]. Ma a Ferrara, come del resto nei portali decorati con la rappresentazione dell'Apocalisse, al simbolismo letterale della porta fu associata anche la sua accezione metafisica di metafora della morte: è infatti in questo ambito che trovano una coerente spiegazione sia l'agnello tenuto tra le zampe dal leone di sinistra che il toro schiacciato sotto il peso del corpo del leone di destra (Tav. 22), che prefigurano il destino dell'uomo dopo la morte: la vita eterna per chi ha seguito Cristo, oppure la morte senza più speranza. Il leone, quindi, diviene un simbolo dello stesso Cristo giudice.

L'immagine del creato che Nicholaus realizza invece per concretizzare il simbolismo cosmologico è certamente il tentativo più completo ed esauriente compiuto da questo scultore che, nei suoi lavori successivi alla chiesa di S. Zeno (1138) e al duomo (1140) di Verona, non si ripeterà più con la stessa sistematicità formale.

---

[50]   In particolare negli esempi di Modena e di Piacenza è però probabile che essi assolvessero anche ad una funzione araldica, quasi trascurata a Ferrara, legata alla presenza della cattedra vescovile. È noto infatti che le cattedre dei vescovi, a imitazione del trono di Salomone e di quelli degli antichi re medio orientali, erano decorate con protomi leonine quali emblemi di autorità e di giustizia.

Il supporto di questa rappresentazione è costituito dalla forma del portale (e del protiro) che, riproducendo, come appare, l'ideogramma di Cosma Indicopleuste, esprime già implicitamente il concetto di universo[51].

Su questo significativo ordito Nicholaus dispone quindi le sue decorazioni, perfettamente coerenti con il simbolismo geometrico. Lungo la ghiera dell'arco del protiro troviamo una decorazione a fioroni (Tav. 5) che intende rimarcare il significato di volta celeste, essendo i fioroni da interpretare come forme stilizzate delle stelle, allo stesso modo in cui lo erano in alcuni mosaici ravennati del V secolo o nella decorazione degli imbotti degli archi di trionfo o dei soffitti di taluni edifici romani.

Per ribadire il significato terrestre della parte inferiore, quadrata, Nicholaus utilizza invece le figure dei telamoni portacolonne[52]. Come abbiamo detto il telamone fece la sua prima comparsa in area padana nella decorazione della cattedrale di Modena, dove era stato posto da Wiligelmo alla base degli stipiti decorati ed inserito nei capitelli delle due colonnine del portale.

Accanto ad un'altra sua rappresentazione appartenente alla facciata modenese, ove egli è posto a sostenere un'immagine di Dio tra Caino ed Abele che recano i prodotti del loro lavoro, si trova incisa la scritta HIC PREMIT, HIC PLORAT, GEMIT HIC, NIMIS ISTE LABORAT (preme costui e piange e geme e molto fatica), che lo qualifica come una immagine dolente della lamentevole condizione umana[53]. Il modello che ha ispirato Wiligelmo è chiaramente Atlante, il titano

---

51   Come si ricorderà la combinazione di cerchio e di quadrato è compendiata dalla croce, la loro figura intermediaria, così come l'uomo ideale riassume l'unione del cielo e della terra, possedendone entrambe le nature. In questo modo la geometria del portale può essere concepita anche come simbolo della figura di Cristo, tornando a ribadire l'equivalenza tra Cristo e cosmo.

52   La combinazione leone-telamone, che compare per la prima volta a Ferrara ma che non sarà più ripetuta in seguito neppure dallo stesso Nicholaus, è quindi probabilmente priva di significato, appartenendo i suoi elementi costitutivi a due temi simbolici diversi.

53   C. FRUGONI 1985, p. 424, spiega la frase anche in modo più complesso, riassuntivo del ruolo di tutte e quattro le figure della scenetta.

condannato a sostenere il cielo per essersi ribellato a Zeus; ma la condanna del titano viene qui resa esemplare e convertita in quella dell'intera umanità, colpevole, con il peccato originale, di essersi ribellata a Dio. Siamo cioé di fronte all'assimilazione di un tema precristiano mediante la sua reinterpretazione alla luce dei valori cristiani. Tuttavia, la posizione che i telamoni occupano nella decorazione sia nella versione di Wiligelmo che in quella di Nicholaus (che ne colloca una coppia anche all'inserzione della volta del protiro in facciata) fa pensare con buona ragione che accanto al valore didascalico e morale, il telamone abbia conservato anche il suo significato primitivo di sostegno del cielo, ovvero di metafora della terra[54].

La parte più interessante ed originale del simbolismo cosmologico è però costituita dalle innumerevoli figurine di mostri, animali e motivi vegetali che decorano i pilastrini dello strombo (Tav. 9) e che rappresentano una enciclopedia delle forme viventi che popolano la terra[55].

Per questa ampia rassegna di tipi Nicholaus attinse naturalmente al mondo dei bestiari altomedioevali, il cui tratto più caratteristico era costituito da una mentalità propensa alle suggestioni del favoloso geografico ed etnico, in parte anche provocata da una confusa conoscenza della geografia terrestre. Molte delle credenze sulla natura degli abitatori dei paesi più remoti, ad esempio, erano fondati su miti e leggende; e questi erano così profondamente radicati nelle coscienze da sopravvivere allo stesso Medioevo, come dimostra l'illustrazione di un trattato cosmologico del 1559 che rappresenta un gruppetto di questi uomini strani (Fig. 25).

Il meccanismo psicologico che faceva immaginare mostruosi gli abitatori di lontane contrade è peraltro ben spiegato da de Champeaux e Sterckx. Muovendo dall'osservazione che è tendenza caratteristica di ogni gruppo etnico riconoscere soltanto nell'ambito della propria

---

54 F. GANDOLFO 1985, pp. 540-541.

55 Una esauriente trattazione di questo tema e della sua storia si trova in R. WITTKOWER, *Allegoria e migrazione dei simboli*, Torino, 1987, pp. 84-152.

25. Gli abitanti di remote contrade in una xilografia tratta dalla *Cosmologia Universale* di S. Munster, 1559

cultura e delle proprie tradizioni la normalità e l'uomo ideale, essi mettono in evidenza come, parallelamente a questa attitudine, si sviluppi anche una preconcetta diffidenza nei confronti degli «altri». Di modo che si attiva un processo che tende a *relegare nelle contrade più sperdute e meno conosciute popolazioni sempre più strane, sempre meno umane, sempre più mostruose; la deformità fisica accompagna od esprime la deformità morale, la brutalità, la barbarie, la mostruosità, ogni sorta possibile di perversione. All'estremo orizzonte, al termine di un processo crescente di ibridazione, l'uomo lascia definitivamente il posto ai demoni ed ai mostri, esseri compositi in cui si mescolano e si affrontano l'animale, l'uomo, gli spiriti malvagi, e, talvolta, buoni*[56].

Il mondo di figurine del nostro portale va perciò propriamente riguardato come un vero *corpus* di geografia naturalistica al quale appartengono a pieno titolo non solo i personaggi reali dell'ambiente

---

[56] G. De Champeaux - S. Sterckx 1981, p. 269.

circostante (lo studente, il musico, il cacciatore, il giullare, il monaco) o gli animali domestici e selvatici (il cane, il gallo, la lepre, il cervo, l'aquila, il gufo, il cammello), ma anche gli strani abitatori di terre lontane (il fauno, l'uomo stetocefalo), gli essere mitici (il centauro, la sirena, il capricorno, l'arpia, Minosse, il grifone, il basilisco) e gli altri ibridi mostruosi prodotti dalla fantasia.

La rappresentazione del regno vegetale invece, se pure ricchissima di invenzioni formali, si limita a ripetere un solo motivo: quello dell'albero della vita, simbolo antichissimo di origine orientale che riunisce in sé la perpetua rigenerazione che vince la morte e la tendenza verso il cielo e la sacralità delle altezze celesti[57].

L'importanza del trattato naturalistico di Nicholaus va però oltre l'aspetto puramente formale, perché la sua realizzazione testimonia l'influsso del clima di rinascente interesse per lo studio della natura avviato dal processo di rilettura critica del *Libro della Genesi*, particolarmente attivo a Chartres, dove il testo sacro veniva sottoposto ad un sistematico confronto con il modello razionale di mondo configurato dal *Timeo*. Il recupero del platonismo aveva perciò finito per condurre gli studiosi sulla strada di un approccio agli scritti sulla creazione più propriamente *secundum phisicam*, avviandoli al superamento delle comuni interpretazioni in chiave allegorica e morale fino ad allora prevalenti. E la rassegna di Nicholaus ci sembra uno dei primi frutti di questo rinnovamento culturale di grande portata, pur se ancora si attarda, quanto ai modelli iconografici, nella scia del movimento cluniacense, che, in passato, aveva impresso alla cultura un carattere decisamente antiintellettuale, giustificato dall'inutilità, per una vita di mera contemplazione quale era quella monastica, di ricercare qualcosa che non fosse diretta rivelazione di Dio.

L'aggiornamento culturale dei contenuti della decorazione ferrarese viene confermata da un'immagine che ci sembra interpretabile proprio come rappresentazione personificata della natura e della sua *vis generativa* coerente con le teorie chartriane, che tendevano a

---

[57] G. DE CHAMPEAUX - S. STERCKX 1981, p. 308.

concepirla platonicamente come un'entità posta da Dio nella materia bruta allo scopo di guidarne il processo di evoluzione verso l'ordine e verso la vita. Ci riferiamo al mascherone posto al vertice del fregio semicircolare che avvolge la lunetta con il S. Giorgio trionfante, dalla cui bocca escono i tralci vegetali che decorano il fregio (Tavv. 7 e 23) ed il cui valore simbolico è strettamente riferibile a quello, peculiare, delle decorazioni fitomorfe che, nell'arte cristiana come già nelle culture primitive, rimandava al concetto di vita (le piante muoiono ogni anno ma sempre rinascono: esse sembrano portare in sè il germe della vittoria sulla morte).

Già diffusi in età preromanica, questi mascheroni vennero comunemente inseriti anche nelle decorazioni romaniche; lo stesso Nicholaus, per esempio, ne aveva fatto uso tanto alla Sacra che a Piacenza.

Combinandone i caratteri somatici di divinità infera e sotterranea con la peculiarità iconografica che ne faceva l'origine dei tralci vegetali, si può pensare che il loro impiego, benché prevalentemente decorativo, potesse contenere anche un'allusione alla fertilità della terra. È probabile però che l'idea di utilizzare questa immagine con l'esplicito significato di rappresentazione della natura sia derivata a Nicholaus dalla decorazione dell'architrave del portale di Modena (Tav. 24), che dal punto di vista compositivo ne è probabilmente il precedente immediato. Entrambe queste decorazioni hanno infatti al centro un mascherone dalla cui bocca si sviluppa la vegetazione. E benché la tradizione figurativa da cui deriva l'arte di Wiligelmo sia molto diversa da quella di Nicholaus[58], il contenuto delle due decorazioni ci appare del tutto equivalente, esprimendo entrambi una promessa di vita eterna in Cristo. Ma, mentre a Modena questo messaggio è più semplice ed immediato, a Ferrara esso non solo è più

---

[58] I mascheroni di Wiligelmo sono ibridi dai caratteri metà umani e metà vegetali; inoltre quello del fregio dell'architrave, avente i capelli suddivisi in ciocche disposte a raggiera attorno al capo sembra rifarsi più ad una divinità solare che non infera, forse allusiva alla primavera, essendo quella foggia di capelli caratteristica del mese di marzo nelle rappresentazioni dei Mesi. Cfr. E. PAGELLA, *Et super capita columnarum opus in modum lilii posuit (1 Re, 7-23): i capitelli della facciata*, in *Lanfranco e Wiligelmo. Il duomo di Modena*, Modena, 1985, pp. 478-479.

articolato, ma si sviluppa con un'immagine di grande interesse. Nel fregio modenese compaiono infatti due uomini (che compendiano l'umanità intera) e due uccelli (simboli di spiritualità per la loro «affinità» con il cielo) intenti a nutrirsi di frutti simili a grappoli d'uva che alludono al regno dei cieli, alla vigna di Cristo[59]; mentre a Ferrara, disposti simmetricamente rispetto all'asse della composizione ed a partire dal basso, si riconoscono due cani, due uccelli e due conigli –tutti in movimento verso l'alto – e un uccello isolato che sfiora con il suo becco l'orecchio del mascherone, che compongono un'allegoria analoga a quella modenese ma più complessa. Vi troviamo infatti un ammonimento assente a Modena (che ha le sue radici nelle dottrine gnostiche) secondo il quale non si può raggiungere la sorgente della vita se non attraverso un processo di elevazione spirituale che qui viene visivamente suggerito tanto dalla posizione più elevata degli uccelli (simboli di spiritualità) rispetto a quella dei cani (immagini di una condizione più infima) che dal generale movimento verso il mascherone. Mentre i conigli, abitualmente associati alla prolificità ed all'abbondanza, potrebbero essere, come i grappoli di Modena, rafforzativi della pienezza di vita.

In questo contesto diviene particolarmente significativo il gruppo al vertice dell'arco costituito dal mascherone e dall'uccello, che configura un tema di cui non conosciamo alcun altro esempio, neppure nella successiva produzione di Nicholaus. Si tratta infatti, a nostro modo di vedere, della visualizzazione della teoria platonica del *logos,* resa attuale attraverso la rappresentazione dell'attimo in cui il demiurgo, in sembianze di uccello[60], trasmette alla natura, il mascherone, il suo *logos,* la sua parola portatrice di vita e di ordine, sotto forma di bisbiglio. Per cui questa rappresentazione, che forse i colori che decoravano le sculture rendevano più evidente di quanto non

---

[59] Cfr. E. CASTELNUOVO, *Flores cum beluis comixtos: i portali della cattedrale di Modena*, in *Lanfranco e Wiligelmo. Il duomo di Modena*, Modena, 1985, p. 464.

[60] In molte culture il dio creatore è immaginato in forma di uccello, essendo questo animale una delle immagini archetipe dello spirito. Cfr. M. ELIADE 1975, vol. I, p. 182, nota 2.

appaia ora[61], costituisce l'immagine paradigmatica del simbolismo dell'intero portale o, addirittura, dell'intero edificio. Il *logos* incarnato, nella visione cristiana, è infatti Cristo[62].

L'interpretazione delle raffigurazioni del mascherone e dell'uccello ci introduce quindi ai temi del simbolismo teologico che, per quanto attiene le decorazioni del portale, sono soprattutto incentrati sull'evento dell'incarnazione.

La visione di fondo di questo evento è ripresa da S. Agostino, per il quale la storia dell'uomo, concepita come un processo verso la redenzione, risultava divisa in due parti dalla nascita di Cristo, l'avvenimento che aveva inverato la storia ebraica consentendole di realizzarsi in quella cristiana[63].

Nella parte inferiore del portale troviamo perciò (Fig. 24), a significare i tempi che precorrono Cristo conclusi con l'annunciazione della sua nascita, le figure dei profeti, dell'arcangelo annunciante e della Vergine; mentre (Tav. 7), al di sopra dell'architrave (che di per sé documenta il momento storico della presenza di Cristo) troviamo una immagine della pienezza dei tempi che avrebbero seguito l'incarnazione del Redentore. Il S. Giorgio a cavallo che travolge il drago è infatti una raffigurazione che, oltre a celebrare il santo cui è dedicata la chiesa, è metafora del regno di Dio, dei tempi in cui il male sarà stato travolto. E poiché il compimento degli eventi annunciati e testimoniati dalle Scritture (Antico e Nuovo Testamento) è visto come un processo di elevazione spirituale per l'umanità, anche in questo caso la distribuzione delle figure è tale che il suo percorso di lettura va dal basso verso l'alto.

---

61 Cfr. J. Bentini (a cura di), *Il restauro del protiro della Cattedrale di Ferrara*, Bologna, 1982.

62 Benché forse un po' azzardato, è indubbiamente suggestivo il pensare che nell'Annunciazione di Cosmé Tura, conservata al Museo del Duomo, l'originale accostarsi dello Spirito Santo in forma di colomba all'orecchio della Vergine Annunciata potrebbe aver avuto il suo modello proprio in questa immagine di Nicholaus.

63 *Che cosa è il Vecchio Testamento se non quello che nasconde il Nuovo? E che cosa è il Nuovo se non quello che svela il Vecchio?* Agostino, *De civitate Dei*, XVI, 26. Anche S. Paolo aveva espresso concetti simili nella Seconda lettera ai Corinzi (3, 12-18).

Dopo aver inquadrato l'incarnazione in una prospettiva che la colloca al centro della storia, l'attenzione di Nicholaus si sposta sul mistero dell'evento in quanto tale, portando ad un'enfasi tutta particolare la rappresentazione dell'Annunciazione. L'immagine della Vergine era già ricomparsa a Piacenza (Tav. 8), dopo l'eclisse dell'XI secolo causata dall'oscurantismo maschilista dell'epoca feudale, ma in quella occasione l'avvenimento dell'Annunciazione non aveva avuto un risalto maggiore degli altri episodi evangelici rappresentati sugli architravi. A Ferrara, invece, con la separazione delle due figure di Maria e dell'Angelo, questo episodio assurge a valore di perno formale dell'intera decorazione (Fig. 24).

La figura della Vergine, entro pochi anni, sarebbe divenuta il tema favorito della decorazione monumentale delle cattedrali di Francia, sospinta da un grande seguito di devozione popolare. Ma il suo successo iconografico va anche attribuito al fatto che si ricorse sempre più frequentemente alla sua immagine quale simbolo della chiesa romana, perché, come la Chiesa, ella rappresentava, su un piano diverso, il tramite attraverso il quale l'umanità aveva potuto riunirsi al suo creatore[64].

Questo simbolismo celebrativo non è però ancora presente a Piacenza, al contrario che a Ferrara, dove la sostituzione dei berretti dei Magi con corone regali voleva sottolineare proprio il diritto di sovranità della Chiesa sui potenti della terra; mentre diverrà preponderante a Verona, ultima sede dell'attività di Nicholaus, ove la Vergine seduta in trono con il bambino sulle ginocchia campeggia frontalmente nella lunetta del duomo (Tav. 21).

Il significato attribuito alla Vergine nelle rappresentazioni di Piacenza e di Ferrara è ancora essenzialmente quello letterale di Madre di Dio; ma a Ferrara la sua maternità, resa attuale e tangibile per opera dello Spirito Santo, portò ad associarle anche quello, importante per la sua connotazione platonico-pitagorica, di sede della Sapienza divina. Le parole che accompagnano a Ferrara la sua immagine, sul

---

[64] G Duby 1977, p. 189.

cui capo si dirige la colomba dello Spirito Santo, sono, per questo simbolismo, del tutto illuminanti. Rispondendo all'annuncio dell'angelo con una sottomissione senza riserve (ECCE ANCILLA DOMINI), ella si pone in condizione di venire simbolicamente equiparata alla sostanza universale, passiva nei confronti del *logos* divino, apportatore di vita e di ordine. Si instaura perciò un parallelo tra l'incarnazione di Cristo e la discesa del *logos* platonico nella materia che trasforma quest'ultima, come, per traslato, trasforma la Vergine, in sede della Sapienza di Dio, e, per estensione, in personificazione dell'anima illuminata[65].

Già le dottrine stoiche avevano visto nella Sapienza un valore salvifico. Zenone, il fondatore dello stoicismo, circa nel 300 aC, aveva immaginato un'unica realtà alla radice del mondo e della intelligenza umana: un principio di razionalità universale proveniente da Dio che rendeva il mondo intelligibile e che egli per primo aveva chiamato *logos*. Per cui era praticando la conoscenza del mondo che l'uomo poteva avvicinarsi al principio originario per realizzare pienamente la sua identità con il divino[66]. Analogamente le teorie orfico-pitagoriche e quelle gnostiche, ritenendo che la vera realtà dell'essere fosse di natura spirituale, indicavano nella *gnosis,* ossia nella conoscenza, il mezzo attraverso cui redimersi dalla condizione della corporeità materiale e raggiungere la comunione con la divinità[67].

La concezione di Cristo come luce dello spirito venuto a rivelare il Padre ed il suo ordine divino – che qui si collega all'iconografia della Vergine quale sede di Sapienza – ha quindi le sue radici lontane in queste teorie spiritualistiche che in varia misura influenzarono il pensiero cristiano trovando, verso la fine del I secolo, una sistematizzazione nel vangelo di Giovanni, nel quale, fin dal prologo, Cristo viene presentato come parola divina incarnata e luce del mondo.

Anche gli scritti dello Pseudo-Dionigi (V-VI sec.) – confuso tradizionalmente con Dionigi l'Aeropagita, il discepolo di S. Paolo (At

---

65   T. BURCKHARDT 1976, p. 110.

66   M. ELIADE 1980, vol. 2°, pp. 205-209.

67   M. ELIADE 1980, vol. 2°, pp. 369-375.

17,34) autore della più imponente costruzione mistica del pensiero cristiano, si incentrano sull'idea che Dio è luce[68]: l'idea che aveva sedotto l'abate Suger. Ma mentre a Saint-Denis questa idea aveva portato il celebre abate a studiare soluzioni architettoniche che permetessero alla luce di inondare il coro nel modo più suggestivo, perché il suo scopo era quello di far giungere all'idea di Dio attraverso il procedimento tipico della religiosità monastica, ossia attraverso l'associazione di idee della via anagogica *(per visibilia ad invisibilia),* a Ferrara la luce non viene direttamente «impiegata» per produrre suggestioni, è più «concetto» che «sostanza», e vale come simbolo della conoscenza razionale del cosmo, nel cui ordine è il riflesso della grandezza di Dio.

Nelle sculture del portale ferrarese, infatti, l'assimilazione di Cristo alla luce pone soprattutto l'accento sul significato di fonte di conoscenza e su quello di ordinatore cosmico e dispensatore di vita, come dimostrano le scenette della Natività e dell'Adorazione dei Magi raffigurate sull'architrave, nonché la decorazione della fronte del protiro. Nelle prime (Tavv. 17 e 13) prevale il valore di fonte di conoscenza. Giovanni aveva scritto: *Era la vera luce che venendo al mondo illumina ogni uomo* (1,9): perciò troviamo accanto alla figura del Bambino una luminosa stella, ripresa dal racconto degli eventi della Natività dal *Vangelo di Matteo* (2, 1-12). Mentre nella decorazione della fronte del protiro prevale il simbolismo inerente l'ordine cosmico.

Per comprenderlo bisogna però spingersi oltre la lettura letterale delle immagini, costituite (Tav. 5) dalle figure di S. Giovanni Evangelista, S. Giovanni Battista e *dall'Agnus Dei,* secondo la quale il Battista e l'Evangelista rappresentano il precursore e l'apostolo che segnano gli etremi del ciclo della rivelazione del *logos* divino sulla terra; occorre passare al valore simbolico dei due Giovanni, la cui interpretazione porta allo scoperto il valore «solare» di Cristo, derivato dal sincretismo con i culti del dio iranico Mithra e del romano *Sol Invictus* del periodo imperiale. In questo ambito i due Giovanni,

---

[68] G. DUBY 1977, p. 120.

le cui feste cadono attorno al solstizio d'inverno (S. Giovanni Evangelista, 27 dicembre) ed al solstizio d'estate (S. Giovanni Battista, 24 giugno), si trasformano in due momenti significativi dell'anno in rapporto al ciclo solare: i momenti in cui il sole entra nelle sue fasi ascendente e discendente. Ed allora l'agnello, posto al vertice dell'arco, si confonde con il sole all'apogeo del suo percorso celeste, nel pieno del suo fulgore, divenendo immagine cosmica della luce che illumina ogni uomo[69]: *Io sono la luce del mondo, chi mi segue non camminerà nelle tenebre, ma avrà la luce della vita* (Giov. 8,12).

In tal modo Cristo raggiunge, come il sole, una dimensione veramente «cosmica», assurgendo al ruolo di Cosmocratore (in quanto dispensatore di vita e garante dell'ordine universale) e di Cronocratore (ovvero di principio dell'ordinato trascorrere del tempo, scandito dai ritmi delle stagioni e della liturgia).

In relazione al valore «solare» di Cristo affiora perciò anche la dimensione temporale del simbolismo cosmologico che in precedenza avevamo trascurato.

Nella concezione cristiana medioevale il tempo era immaginato come un'entità lineare, avente un inizio ed una fine negli eventi della creazione e della fine del mondo, benché il suo trascorrere fosse cadenzato dal ripetersi di fasi cicliche come quelle delle stagioni, del giorno e dell'anno, legate al moto degli astri. Nel programma decorativo ferrarese (nell'asse verticale del portale) abbiamo già trovato la rappresentazione simbolica della dimensione lineare del tempo; ora, nell'arco del protiro, inteso come percorso celeste del sole con i suoi punti di levata, apogeo e tramonto, possiamo cogliere anche l'immagine della sua interna ciclicità. Tuttavia, anche in questo caso, Nicholaus provvide a rafforzare il simbolismo geometrico con immagini figurate di più facile lettura. A questo scopo egli ricorse nuovamente alle figure dei telamoni, che utilizzò come personificazioni del Giorno e dell'Anno[70], un ruolo che, a giudicare dalle analogie icono-

---

69   T. Burckhardt 1976, p. 93.

70   F. Gandolfo 1985, p. 541.

grafiche e soprattutto dalla presenza in ogni coppia di un giovane e di un vecchio (Tav. 5 e Tav. 22), essi avevano già interpretato anche a Piacenza ed a Modena e, forse, persino, nella Porta Miégeville.

Cristo appare dunque come il vero centro dell'universo, come colui dal quale tutto ha inizio e nel quale tutto si conclude: il punto di riferimento dell'ordine naturale non meno che del destino dell'uomo. Divengono così chiare anche le scelte progettuali inerenti l'architettura che intendono trasporre le strutture della costruzione nell'ambito del medesimo ordine universale che riconduce a Cristo, artefice, attraverso l'incarnazione, di una nuova creazione.

L'esame del simbolismo non è però completo se non comprende anche qualche accenno al simbolismo numerico, che, nel nostro caso, sembra aver condizionato quanto meno le scelte progettuali di fondo. Prima tra tutte, quella che riguarda l'adozione di una tipologia a cinque navate per la pianta, che, sotto questo profilo, non solo non aveva alternative, ma rappresentava un fatto così significativo da venire esplicitamente menzionato, come si ricorderà, nei versi leonini del protiro che tramandano la data di fondazione. E questo non soltanto perché cinque era il numero delle navate delle prime basiliche cristiane costruite a Roma come, ad esempio, S. Pietro o S. Paolo fuori le Mura, ma perché un corpo di fabbrica a cinque navate si prestava a simbolizzare Cristo nel più esauriente dei modi. Il cinque infatti, numero di ampia valenza simbolica, era soprattutto il numero dell'Uomo[71]; e la sua perfezione, già proclamata dai pitagorici, gli derivava dall'essere somma del due, primo numero pari, simbolo del femminile, e del tre, primo numero dispari, simbolo del maschile: ossia discendeva dalla sua capacità di rappresentare la perfezione ottenuta con la sintesi degli opposti e con il superamento della limitante e contingente condizione corporea mediante il raggiungimento dell'androginìa, stato perfetto e divino che gli gnostici concepivano come stadio finale del processo di redenzione attraverso la conoscenza.

---

[71] G. DE CHAMPEAUX - S. STERCKX 1981, p. 250; M. GHYKA 1959, vol. I, pp. 36-38; M-M. DAVY 1977, p. 243.

E questo rende significativo e coerente anche l'impiego del pentagono (traduzione geometrica del cinque) nella definizione delle proporzioni del portale, dedicato alla rappresentazione del figlio dell'Uomo.

Un altro numero il cui significato potrebbe aver avuto un ruolo nella messa a punto di alcuni aspetti della decorazione del portale è rappresentato dal sette. E non soltanto perché esso è il numero della verginità, in precedenza riferito anche ad Atena[72], che bene si accorderebbe con il risalto dato alla figura della Madonna; ma anche perché la sua connotazione sapienziale si sposa perfettamente con i concetti espressi dalle sculture, ed in particolare, ancora una volta, con la figura della Vergine quale sede della Sapienza divina. Sette erano infatti, ad esempio, le arti liberali, le note musicali, i numeri dell'armonia universale, le sfere celesti, i gradi della perfezione, le gerarchie angeliche. Potrebbe perciò essere questo il motivo per cui le modanature degli stipiti sono sette (quattro di sezione quadrata e tre di sezione circolare), come sette sono gli episodi dell'infanzia di Cristo rappresentati sull'architrave (anche Cristo è luce di verità e di conoscenza)[73].

Come si può notare, però, le arcatelle che sottendono gli episodi evangelici sono invece otto, essendo l'Adorazione dei Magi estesa a due di esse. Ed anche questo numero potrebbe non essere casuale.

Il simbolismo dell'otto si rifà a quello del suo corrispondente geometrico, l'ottagono, la cui forma era concepita come intermediaria tra la circonferenza del cielo e la mole quadrata della terra[74]: significato che si attaglierebbe bene alla dislocazione dell'architrave, posto tra il vano rettangolare della porta e la lunetta (di forma semicirco-

---

72 M-M. Davy 1977, p. 243; M. Ghyka 1959, vol. 2°, nota 1 p. 33.

73 Può essere interessante ricordare che negli archivolti del portale destro della cattedrale di Chartres avvolgenti la lunetta nella quale si trova una raffigurazione della Vergine in trono sono state poste le immagini delle sette arti liberali accompagnate da quelle dei maestri del passato che più vi si distinsero. Cfr. O. Von Simson 1962, p. 153.

74 L. Benoist, *Segni, simboli, miti*, Milano, 1976, p. 61 (titolo originale: *Signes, symboles et mythes*, *1975*).

lare). Anche la pianta ottagonale delle chiese imperiali ravennati si rifaceva a questo simbolismo, che consentiva ai progettisti di alludere al ruolo dell'imperatore, tramite tra il creatore e l'umanità[75].

Ancora a questo simbolismo era infine ispirata la forma ottagonale dei fonti battesimali: il battesimo è infatti il tramite per accedere ad una nuova vita, il preludio della resurrezione finale[76]. E quindi forse si potrebbe pensare che esiste una relazione tra il numero delle arcatelle e l'ultimo episodio rappresentato, avente per soggetto il Battesimo di Cristo, che in tal modo occuperebbe proprio l'ottava arcatella.

Ma, come si vede, questo tipo di ipotesi difficilmente individua risultati inequivocabili[77]; per cui preferiamo non insistere e passare al capitolo successivo, anche se riteniamo che il simbolismo numerico potrebbe avere avuto a Ferrara un ruolo non secondario. In particolare quello del numero d'oro, la cui intrinseca natura di principio di ordine e di armonia e di fattore di accrescimento dei modelli matematici della natura e dell'universo, poteva indurre a concepirlo, in una visione del mondo platonico-pitagorica, come un'entità suggestivamente assimilabile a Cristo.

---

[75] G. DUBY 1977, p. 31.

[76] E. MÂLE 1986, pp. 22-23; R. KRAUTHEIMER 1986, p. 115.

[77] È questo il limite di un ampio tentativo di lettura «numerologica» della facciata del duomo di Ferrara elaborato da A. BISI, *Indagine conoscitiva e comparativa della facciata della cattedrale di Ferrara*, «La Pianura», nn. 10 e 11-12, ottobre e novembre-dicembre 1971.

La cattedrale di Ferrara e il suo contesto: confronti e conclusioni

Molti studiosi condividono ormai l'opinione che a Ferrara Nicholaus abbia svolto anche il ruolo di architetto[1].

Ma se per ideare il portale di facciata egli si ispirò principalmente ai tre portali piacentini (alla cui realizzazione aveva del resto precedentemente partecipato), per dar forma all'edificio egli prese invece per modello il duomo di Modena.

Come sempre, però, Nicholaus rielaborò completamente il suo prototipo: tanto che, come vedremo, ad onta della persistente somiglianza formale corrente tra i due edifici, essi esprimono, sotto il profilo simbolico, contenuti divergenti.

Tra le ipotesi avanzate per spiegare l'originale articolazione ad arcate elaborata da Lanfranco per il paramento esterno del duomo di Modena, vi è quella secondo la quale egli avrebbe concepito la sua costruzione come un grande scrigno entro cui custodire le reliquie di S. Gimignano, protettore della città[2]. Interpretazione che ci sembra avvalorata non solo dal trambusto e dal clima di entusiasmo che invasero la città quando, nel 1106, furono trasferite le spoglie del santo

---

[1] Cfr. A. Peroni, *L'architetto Lanfranco e la struttura del duomo,* in *Lanfranco e Wiligelmo. Il duomo di Modena,* Modena, 1985, p. 162; A. Peroni, *Per il ruolo di Niccolò nell'architettura, in Nicholaus e l'arte del suo tempo,* Atti del seminario tenutosi a Ferrara dal 21 al 24 sett. 1981, Ferrara, 1985, p. 259; A. C. Quintavalle, *Niccolò architetto,* in *Nicholaus e l'arte del suo tempo,* Atti del seminario tenutosi a Ferrara dal 21 al 24 settembre 1981, Ferrara, 1985.

[2] A. Peroni 1985 b, pp. 155 e 160.

nella cripta del nuovo duomo alla presenza del papa Pasquale II, della contessa Matilde di Canossa, dei vescovi di Modena e di Reggio e sotto la scorta armata di dodici rappresentanti del popolo e sei della classe nobiliare[3], ma anche dai caratteri morfologici dell'edificio e dalla coerenza con questo significato espressa dalle sculture della facciata. Alla sua chiesa-scrigno Lanfranco dette infatti le sembianze della Gerusalemme Celeste, con l'intento di alludere al Paradiso nel quale il santo era stato accolto e al futuro regno dei cieli[4], mentre Wiligelmo, nelle sculture della facciata, ne aveva prefigurato il significato paradisiaco mediante un reiterato simbolismo battesimale e penitenziale, posto in relazione con la venuta di Cristo[5]. Battesimo e penitenza sono infatti le premesse di ordine sacramentale per poter accedere al regno dei cieli.

Il simbolismo paradisiaco, però, come abbiamo visto, venne completamente superato a Ferrara, dove la cattedrale, grazie al suo valore cosmologico, si prestava a configurare invece una vera e propria immagine di Cristo. A Ferrara, del resto, mancava completamente una tradizione relativa alla custodia di reliquie, se si pensa che fu soltanto sotto l'episcopato di Landolfo che giunsero in città quelle di S. Maurelio (1106) e il braccio di S. Giorgio (1110)[6].

Forse per questa ragione a Ferrara non fu realizzata la cripta; o, forse, anche per il nuovo valore simbolico acquisito dalla chiesa, benché non si possa escludere che potrebbe aver influito su questa decisione anche un problema di carattere tecnico, connesso con l'in-

---

3 P. GOLINELLI, *Cultura e religiosità a Modena e Nonantola nell'alto e pieno Medioevo,* in *Lanfranco e Wiligelmo. Il duomo di Modena,* Modena, 1985, p. 121.

4 Cfr. A. PERONI 1985 b, p. 159 e la nostra nota 20 del 3° capitolo.

5 COMITATO DIOCESANO DI MODENA (a cura di), *Orientamenti per una lettura catechetico-liturgica dell'architettura e della scultura della cattedrale di Modena,* in *Lanfranco e Wiligelmo. Il duomo di Modena,* Modena, 1985, pp. 651-656.

6 A. SAMARITANI, *Religione tra società, politica ed istituzioni nella Ferrara della nuova cattedrale (1130-1177),* in *La Cattedrale di Ferrara,* Atti del convegno nazionale di studi storici tenuto dall'11 al 13 maggio 1979, Ferrara, 1982, pp. 140-141.

filtrazione dell'acqua di falda in un ambiente che sarebbe venuto a trovarsi al di sotto del livello del suolo.

Tuttavia, a parte la cripta e le dimensioni complessive (Ferrara è più grande di Modena di oltre una volta e mezzo) altri due caratteri in particolare diversificano le piante delle due chiese, invece accomunate dalla forma basilicale priva di transetto: il numero delle navate e quello delle absidi (Figg. 3 e 26). Mentre l'elevazione dei due edifici presenta al contrario un carattere di maggiore affinità (Figg. 27, 28, 29, 30), soprattutto in considerazione del rispetto delle scelte strutturali di fondo, quali lo schema statico – che implica il mantenimento della medesima scansione longitudinale in campate e l'alternanza di pilastri e colonne – e il tipo di copertura piana a capriate[7].

L'architetto modenese (il *mirabilis artifex* e *mirificus aedificator* della *Relatio translations corporis Sancii Geminiani,* il documento che narra gli avvenimenti delle fasi iniziali della costruzione[8]) adottò infatti un tipo di copertura ormai prossima, con l'avvento del gotico,

26. Modena. Pianta del Duomo.

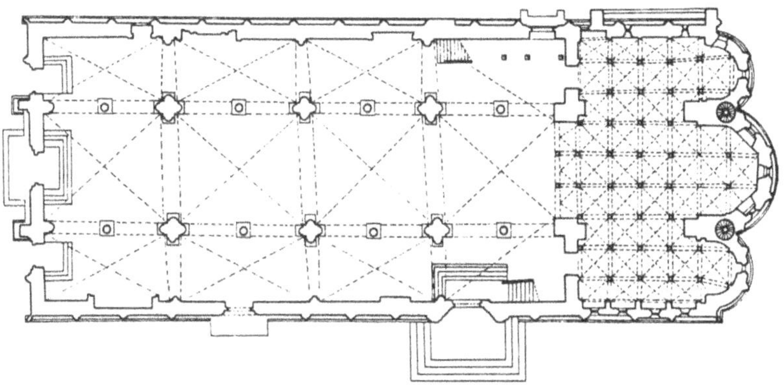

---

[7]   Ricordiamo che l'attuale copertura a volte della cattedrale di Modena non appartiene al progetto lanfranchiano ma fu realizzata in età quattrocentesca.

[8]   Il testo è riportato in *Lanfranco e Wiligelmo. Il duomo di Modena,* Modena, 1985, pp. 757-758.

a essere ovunque abbandonata, benché allora continuasse a essere ancora preferita nel nord della Francia, nella Germania occidentale e anche in Italia, ove, pure, nel romanico lombardo, l'uso della volta era ormai abituale[9].

Le ragioni di questa scelta, condivisa poi da Nicholaus, sono ancora oggetto di discussione; tuttavia, oltre al possibile aggancio con le tradizioni edilizie di cui si è detto, si è voluto vedervi anche un possibile intenzionale richiamo alla primitiva architettura cristiana, particolarmente sottolineata a Ferrara dall'adozione della tipologia a cinque navate e dall'unicità dell'abside.

Anche il modello statico adottato da Lanfranco (e poi da Nicholaus), caratterizzato dalla presenza di muri trasversali di irrigidimento sostenuti da archi (Figg. 29 e 30), si era evoluto dalla forma canonica delle basiliche cristiane affermatasi nel corso del V e del VI secolo, di cui è un esempio la chiesa romana di S. Paolo fuori le Mura (Fig. 31), terminata nel 440, che presenta, come caratteri salienti, la copertura a (capriate, le file di colonne tutte uguali poste a sostenere i muri interni longitudinali e l'abside unica incorniciata da un arco trionfale.

Il motivo principale per cui si realizza una costruzione è dato dall'esigenza di disporre di uno spazio coperto; mentre il requisito essenziale richiesto alla sua struttura è quello di sostenere la copertura senza cedere. Sotto questo profilo l'ossatura statica della basilica paleocristiana – come ad esempio quella di S. Paolo fuori le Mura – assolve egregiamente, grazie ad un semplice funzionamento statico, al suo compito. Poiché le azioni che la copertura a capriate trasmette ai muri di sostegno sono soltanto verticali, se muri e colonne hanno dimensioni sufficienti per resistervi, la struttura è stabilmente equilibrata e in condizioni di sicurezza[10].

---

9 A. PERONI 1985 b, p. 145; H.E. KUBACH, *Architettura romanica*, Milano, 1978, p. 39.

10 L'azione esercitata sui punti di imposta da una copertura ad arco o a due falde è costituita da una forza R ben definibile, agente in direzione obliqua verso l'esterno. R può essere profi-cuamente pensata come il risultato della azione contemporanea di due forze (le sue «componenti»), una agente in senso orizzontale (spinta S) e l'altra in direzione verticale (peso P). Se i muri di sostegno e la portanza del terreno non sono impegnati da P oltre il loro limite di

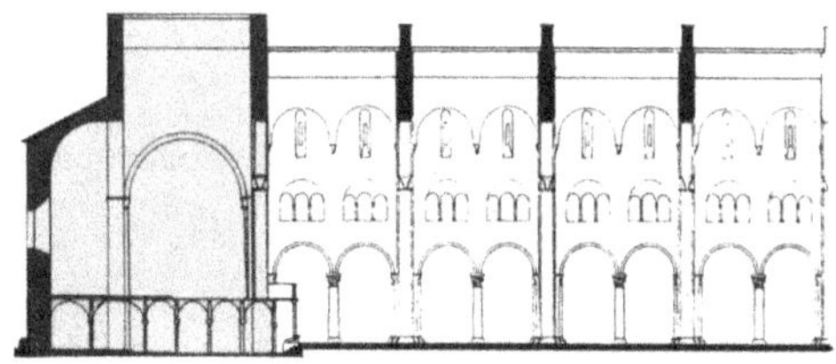

27. Modena. Sezione longitudinale del Duomo.

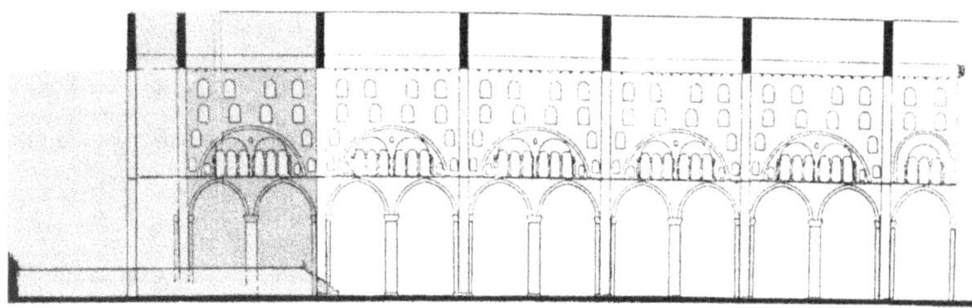

28. Ferrara. Sezione longitudinale della cattedrale primitiva.

29. Modena.
     Sezione trasversale del Duomo.

30. Ferrara.
     Sezione trasversale della cattedrale
     primitiva.

Nella realtà possono sempre insorgere cause di instabilità per la struttura: ricordiamo per tutte l'azione del vento, che, agendo in senso orizzontale, impegna spesso i muri a resistere al ribaltamento. I muri interni delle basiliche, però, essendo impostati su colonne, non hanno alcuna possibilità di opporsi ad un'azione di questo tipo: per cui occorre provvedere a sostenerli.

E questo l'ufficio statico cui sono chiamati nelle basiliche paleocristiane i muri esterni di ambito che, essendo costituiti di strutture continue, possono puntellare, per il tramite delle falde delle coperture laterali, i muri più interni (Fig. 32).

Se però nella classica struttura della basilica provvedessimo ad inserire una serie di muri trasversali (Fig. 33), otterremmo lo stesso effetto di sostegno laterale per i muri interni, esonerando per di più quelli d'ambito dal compito di fungere da elementi di contrasto al ribaltamento.

In tal modo si realizza un modello strutturale concettualmente diverso da quello delle basiliche classiche, che fece la sua comparsa nelle regioni orientali (forse a partire dalla Siria) fin dai primi secoli, pur annoverandosene esempi nella stessa Roma.

In seguito, nel V e VI secolo, questo schema strutturale si diffuse anche in Occidente: ma, a differenza che in Oriente, dove veniva solitamente associato alle coperture spingenti (voltate), esso venne impiegato anche in abbinamento con le classiche coperture a capriate.

Un esempio di edificio occidentale di questo tipo è la chiesa di S. Prassede a Roma (IX sec.), la cui sezione ci consente di mostrare come, grazie ad archi trasversali di sostegno a tutta larghezza, sia pos-

---

rottura, il peso stesso viene neutralizzato dalle loro reazioni dirette in senso contrario; mentre più delicato è il problema della presenza di S che, come si comprende, tende ad allontanare tra loro i punti di imposta sottoponendo i muri ad una pericolosa azione ribaltante. Per neutralizzare S si può inserire un tirante di collegamento (detto «catena») tra le sezioni di imposta, che, assorbendo S, sgravi i muri dall'azione di spinta. Oppure si possono erigere murature di contrafforte che scaricano direttamente R sul terreno. La capriata di legno, utilizzata per realizzare coperture inclinate, necessarie per lo smaltimento delle acque meteoriche, sfrutta la prima soluzione: l'elemento orizzontale è infatti, a tutti gli effetti, un tirante, che, eliminando le spinte, consente di realizzare coperture non spingenti e gravanti sulle strutture sottostanti soltanto con azioni verticali.

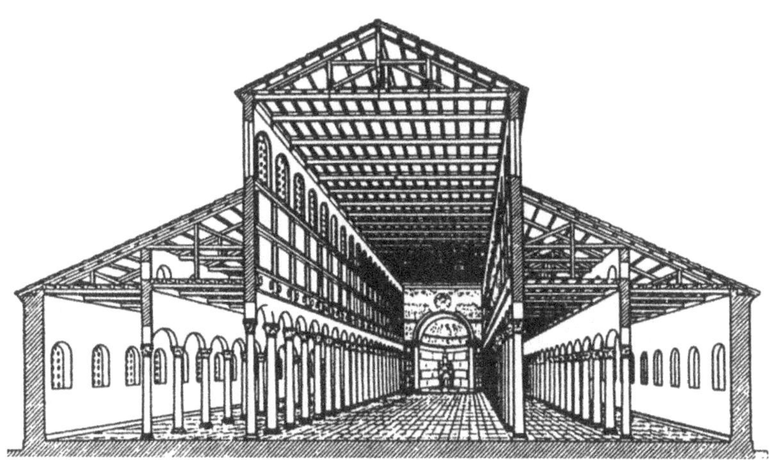

31. Roma. S. Paolo fuori le Mura (386-440 d.C.), sezione trasversale e viste dell'nterno.

sibile conciliare il mantenimento della continuità spaziale interna con la presenza dei setti murari, confinati in alto (Fig. 34).

Lo schema statico delle cattedrali di Modena e di Ferrara è dunque questo (Fig. 35). Ma se sotto l'aspetto strutturale non vi sono differenze sostanziali tra i nostri due edifici e le basiliche del V e VI secolo provviste di muri trasversali, non altrettanto si può dire dei caratteri morfologici dell'interno, che sono ora quelli tipici del linguaggio romanico: scansione ritmica dello spazio dovuta all'alternanza tra pilastri e colonne (sottolineata dagli archi trasversali); forma composita dei pilastri; inserzione, tra gli archi dei colonnati e le aperture preposte all'illuminazione dell'interno («cleristorio»), di una serie di finestre a trifora («falsi matronei»); e, per quanto concerne le piante, moltiplicazione delle absidi a Modena e interposizione, a Ferrara, di un vano quadrato tra abside e navata.

Tutti questi elementi del lessico romanico non erano in realtà nuovi di per se stessi, annoverando ognuno di essi qualche precedente nelle costruzioni delle regioni orientali fin dai primi secoli; ma le tappe del processo storico che portò alla loro assimilazione nell'arte occidentale

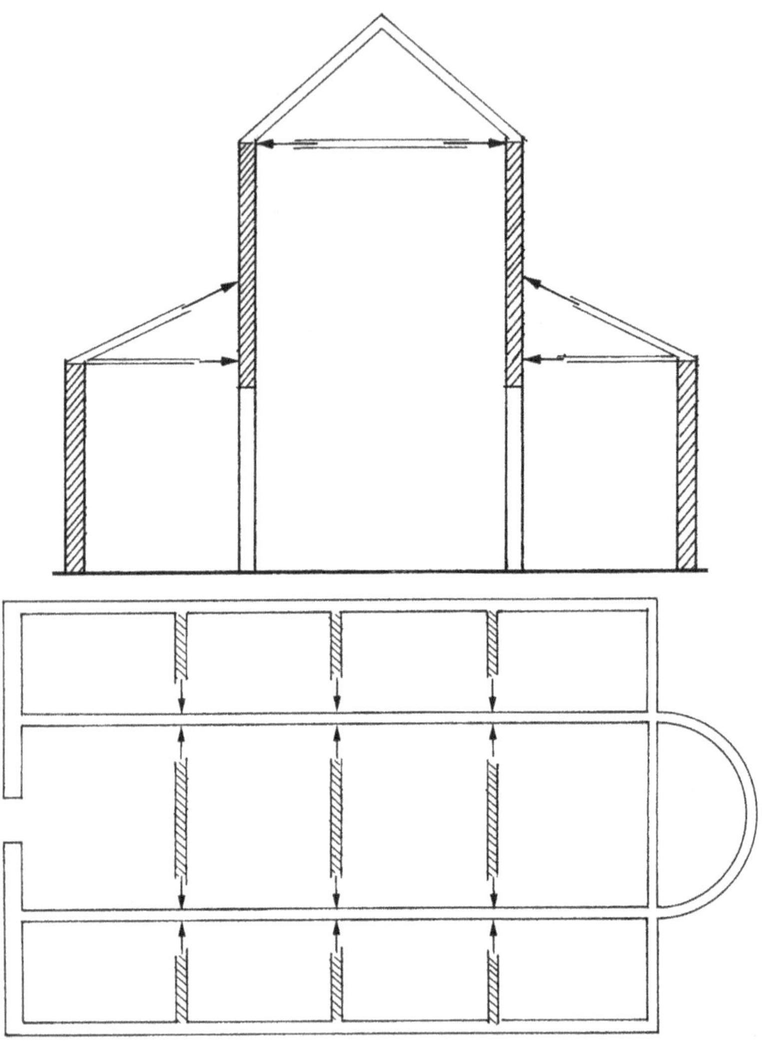

32. Il gioco delle spinte che mantiene l'equilibrio statico nell'edificio basilicale paleocristiano.

33. Modello statico degli edifici basilicali con muri trasversali di irrigidimento.

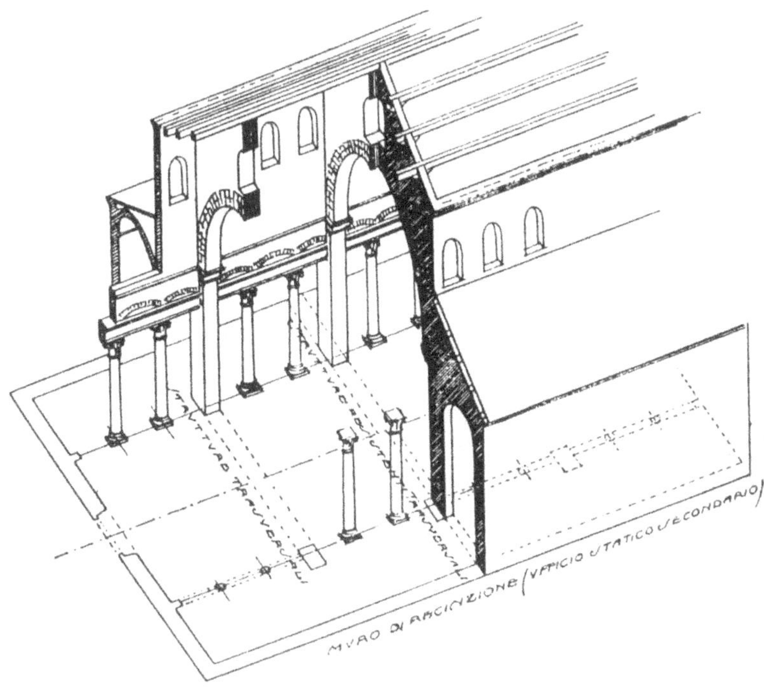

34. Roma. S. Prassede (sec. IX): spaccato che mostra i muri trasversali sostenuti da archi. Si osservi che, in questo tipo di costruzione, la copertura della navata centrale è sostenuta in gran parte dai muri trasversali, mentre nel tipo basilicale semplice la copertura grava interamente sui muri longitudinali.

e, soprattutto, quelle della loro codificazione stilistica nel linguaggio romanico non sono ancora state ricostruite con certezza dagli studiosi, specialmente a causa della perdita di numerosissimi edifici degli anni di transizione. Tuttavia si può circoscrivere al X secolo e alla prima parte dell'XI il periodo delle sperimentazioni che prepararono l'affermazione dello stile romanico[11].

Nell'intento di individuare gli antecedenti più immediati del duomo modenese, il Porter, fin dal 1917, aveva comunque indicato

---

[11] H.E. Kubach 1978, pp. 34-35.

35. Vista della navata centrale del duomo di Modena con la originaria copertura
    a capriate.

nella chiesa protoromanica lombarda di Lomello, eretta attorno al
1025, l'edificio nel quale era stato rimesso in auge per la prima volta,
dopo l'anno Mille, il sistema ad archi trasversali con copertura non
voltata (Tav. 25)[12].

Spesso ricordata a questo proposito è anche la chiesa abbaziale nor-
manna di Jumièges, fondata nel 1037 e consacrata nel 1067 (Fig. 36):
l'articolazione della sua parete interna, che presenta già l'alternanza

---

12 A. Peroni 1985 b, p. 146.

pilastro-colonna e le trifore dei falsi matronei al contrario di S. Maria di Lomello, mostra inoltre una straordinaria somiglianza con la corrispondente parete del duomo di Modena. Tuttavia, essendo la chiesa attualmente in gran parte crollata (Fig. 26), non si può avere la certezza che vi fossero contemplati anche gli archi trasversali[13].

Il mutamento dei caratteri architettonici che accompagnò l'evoluzione degli edifici basilicali dalle forme paleocristiane a quelle romaniche, va però interpretato soprattutto come il riflesso di mutamenti avvenuti nel campo della spiritualità.

Già la preferenza accordata in Occidente alla pianta basilicale rispetto alla pianta centrale, privilegiata invece in Oriente, è un fatto non privo di significato. *La diversa scelta e combinazione di forme simboliche nell'architettura occidentale ed in quella bizantina deriva da differenti interpretazioni della dimensione temporale in relazione al concetto di Redenzione. In Occidente il principio e la fine sono di importanza fondamentale, come dimostrano le prime e le ultime parole della Bibbia (il concetto del tempo limitato da un principio e da una fine ci viene presentato da S. Agostino, ma come immagine esistenziale è di origine ebraica). Tra queste due stazioni c'è il tempo concesso all'uomo per scegliere Dio o per rifiutarlo. L'uomo occidentale è perciò sempre in cammino, e la sua forma spaziale è il percorso. In Oriente, invece, la Redenzione è intesa come avvenimento cosmico totale. Il mondo è concepito come un'entità armoniosa, statica, che riposa su se stessa «nei secoli dei secoli». Di conseguenza il centro, il circolo e la cupola divennero* [in Oriente] *forme spaziali primarie*[14].

Ma lo stesso concetto di percorso, legato a quello della vita, intesa come percorso verso la Redenzione, assunse connotati diversi nel tempo. Per cui l'atteggiamento dell'uomo romanico (come, e più ancora,

---

13 H.E. KUBACH 1978, p. 42. Una esaustiva trattazione della questione inerente le ascendenze della cattedrale di Modena, con relativa completa bibliografia, si trova in A. PERONI 1985 b, pp. 159-160.

14 C. NORBERG-SCHULZ 1974, p. 148. Si veda anche J. HANI 1962, pp. 38 e 53-54.

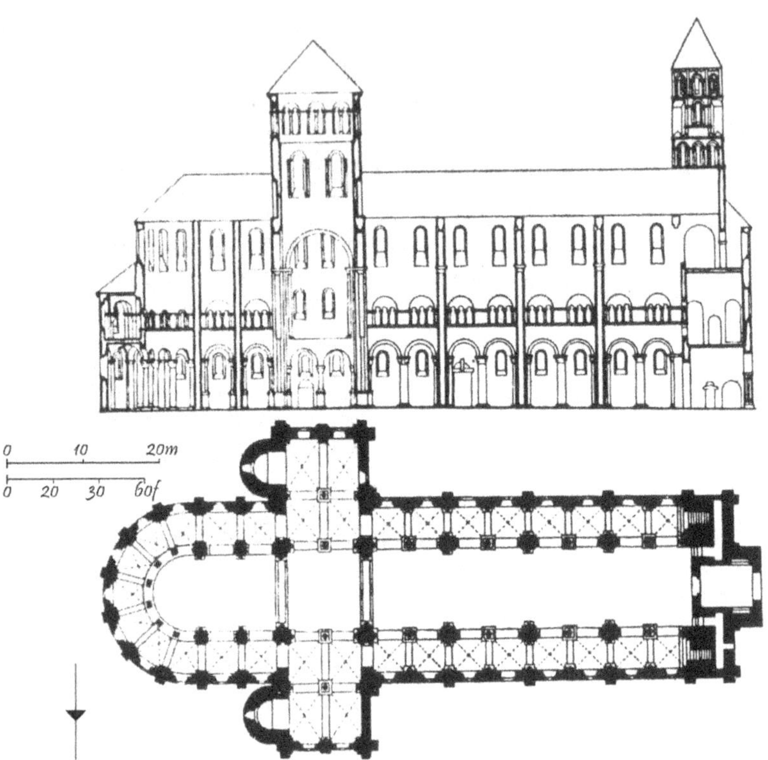

36. Jumièges. Chiesa abbaziale di Notre-Dame, pianta e sezione longitudinale (ricostruzione di G. LANFRY modificata)

in seguito, quello dell'uomo gotico) si evolvette rispetto all'atteggiamento del cristiano dei primi tempi, per passare, da una posizione eminentemente contemplativa ad una più attiva e militante, che gli derivava dalla progressiva presa di coscienza del valore dell'impegno diretto nella trasformazione della società terrena in *Civitas Dei*. Lo spazio spiritualizzato della basilica paleocristiana, ottenuto attraverso la smaterializzazione ottica degli elementi plastici che convertiva l'idea di percorso verso Cristo in un'esperienza intima e interiorizzata, prese perciò ad acquistare una maggiore concretezza. L'uomo romanico non poteva più ritrovarsi in uno spazio come quello progettato nei primi secoli, fatto per la contemplazione astratta, e fu indotto a trasformarlo in un ambiente che rispecchiasse il suo impegno quotidiano: per questo, pur senza eliminarvi il senso della trascendenza, egli restituì alle sue chiese una certa solidità. Troviamo così simultaneamente presenti, nelle chiese romaniche, elementi architettonici contraddittori che, attraverso la differenziazione tra le parti primarie e quelle secondarie esprimono nel contempo corporeità e smaterializzazione[15].

È in questa visione di fondo che acquistano un significato che trascende quello meramente statico l'alternanza tra pilastro e colonna, i muri trasversali ad arco, i falsi matronei e tutte quelle varianti morfologiche che trasformano la percezione dello spazio, introducendo elementi di ritmicità capaci di mettere in rapporto l'asse longitudinale con i movimenti umani, in modo che esso possa essere avvertito non solo come simbolo astratto, ma come vero e concreto percorso capace di integrare i significati esistenziali del cristianesimo con la vita di ogni giorno[16].

Se confrontiamo tuttavia le sezioni longitudinali e trasversali delle due chiese (Figg. 27, 28, 29, 30), ci accorgiamo che, pur essendo stati utilizzati essenzialmente gli stessi elementi componitivi, rispetto al senso di maggiore compattezza trasmesso dai muri modenesi, nell'interno ferrarese lo spazio sembra espandersi e invadere il volume dell'edificio, a causa dell'esteso traforo che interessa le pareti e della dilatazione del vuoto al di sotto della linea di imposta delle trifore, a cui si accompagna l'originale novità degli archi di scarico inclusi nelle murature che ritmano le campate includendo coppie di trifore.

L'originalità di questi caratteri, che mette in discussione la continuità muraria romanica di derivazione paleocristiana introducendo nel contempo un più esplicito rapporto tra forma e funzione, sembra voler preludere al linguaggio formale dell'architettura gotica, anche se non si deve dimenticare che gli archi di scarico inclusi nelle murature

---

15 C. NORBERG-SCHULZ 1974, p. 178.

16 C. NORBERG-SCHULZ 1974, p. 178.

erano un accorgimento tecnico usuale nell'architettura romana, come si può dedurre da alcuni edifici di abitazione a più piani di Ostia o dell'articolato gioco di archi della struttura del Pantheon (Fig. 37).

Tuttavia le novità mostrate dall'interno ferrarese, unitamente ai contenuti del programma decorativo del portale che prefigurano quelli di Chartres, ci conducono inevitabilmente a qualificare come protogotica la cattedrale ferrarese, pur se ancora rivestita di forme romaniche; mentre Nicholaus ci appare muoversi in un orizzonte culturale dilatato ben oltre quello in cui si colloca il pur fondamentale modello modenese.

Il duplice rapporto intercorrente tra il duomo di Modena e quello di Ferrara (analogia formale ma divergenza simbolica), è messo chiaramente in evidenza dalle caratteristiche peculiari dello schema geometrico-proporzionale che sottende il progetto della cattedrale modenese, il quale risulta, allo stesso tempo, elemento di continuità ed espressione del salto culturale che separa le due costruzioni. Fatte salve le varianti imposte dalle differenti tipologie, questo procedimento appare infatti il medesimo seguito più tardi anche a Ferrara; ma la sostituzione del fattore di scomposizione del cerchio di riferimento, che a Modena è dodici anziché dieci, è tale da far trasporre l'edificio in un diverso ambito simbolico.

37. Roma. Pantheon, archi di scarico inclusi nella struttura muraria

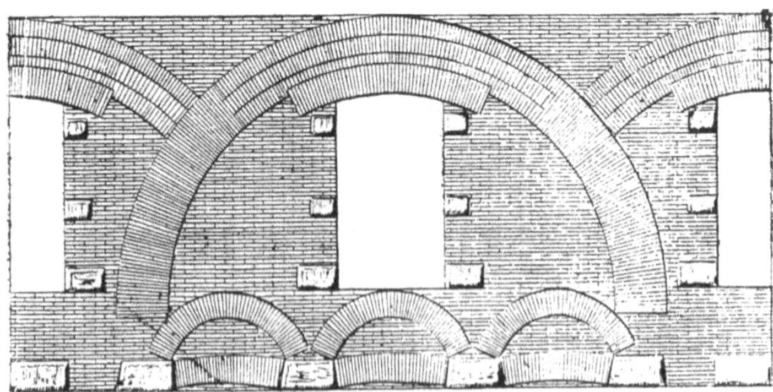

Le asimmetrie dimensionali che si possono osservare nel duomo di Modena sono ancora più marcate ed evidenti di quelle rilevabili a Ferrara. Per quanto riguarda la facciata, per esempio (Tav. 27), si può facilmente constatare che, rispetto all'asse, la metà destra non è uguale alla metà sinistra, il protiro non si trova in asse tra i contrafforti, questi ultimi hanno larghezze diverse tra loro e la linea di imposta dei loggiati ai due lati del protiro si trova a quote così differenti da far quasi pensare che la cosa potrebbe non essere priva di significato[17].

Per quanto riguarda la pianta (Fig. 26), non solo le coppie dei lati corti e dei lati lunghi non hanno lunghezze uguali tra loro, ma la dislocazione interna di pilastri e colonne ha un carattere nettamente irregolare. Queste irregolarità non ci sembrano però imputabili che in minima parte al fatto che il duomo di Modena fu costruito nella stessa area in cui già esisteva una chiesa, demolita contemporaneamente al sorgere di quella nuova; mentre potrebbe giustificare invece la rotazione di oltre 20° che presenta l'asse longitudinale rispetto alla corretta orientazione liturgica[18].

Anche in questo caso il dato di partenza per l'elaborazione dello schema geometrico-proporzionale che interessa il progetto (Fig. 38) è rappresentato dalla larghezza della chiesa (segmento AB), estesa però, diversamente che a Ferrara, a comprendere lo zoccolo di base[19].

Sulla base di questo elemento viene tracciato innanzitutto il cerchio di riferimento della pianta, avente centro in O^{20}, sul quale abbiamo indicato con circoletti scuri i dodici vertici della scomposizione principale e con circoletti chiari quelli della scomposizione

---

17 L'attuale facciata non è più quella originale benché ne conservi il profilo: in particolare il grande rosone (il cui inserimento ha richiesto l'abbassamento del protiro) e le due porte laterali sono il risultato di interventi posteriori.

18 A. Peroni 1985 b, pp. 149-150 e 166-168.

19 È probabile che questa larghezza corrispondesse a 95 piedi modenesi, pari a m. 24,84, essendo il piede modenese uguale a m. 0,2615. Le misure effettive della pianta sono: lato di facciata m. 24,94; lato di fondo m. 24,81; lato nord m. 60,65; lato sud m. 60,37. Cfr. A. Casari, *Osservazioni sulla planimetria del Duomo di Modena: Lanfranco, i quadrati, le diagonali*, in *Lanfranco e Wiligelmo. Il Duomo di Modena*, Modena, 1985, p. 223.

20 Il criterio è lo stesso indicato alla Fig. 4 a, salvo sostituire 72° con 75°.

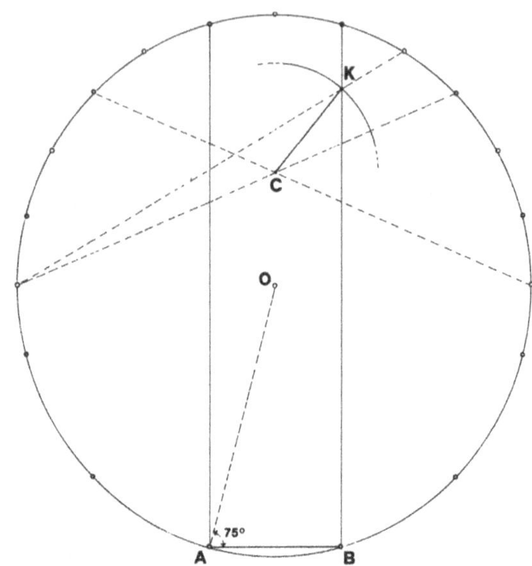

38. Derivazione del cerchio di riferimento dello schema geometrico-proporzionale della facciata del duomo di Modena dal cerchio di riferimento dello schema della pianta.

sussidiaria. Dopo di che, come mostra la figura 38, risulta assai facile individuare il punto C e il segmento CK, che ci consentono di tracciare il cerchio di riferimento della facciata. Su questo cerchio minore (Fig. 39) le diagonali EF e IL intercettano i punti 1, 2, 3 e 4 (che rappresentano alcuni dei vertici della sua scomposizione in dodici parti), grazie ai quali si può risalire ai punti A" e B", gli estremi della linea di base della facciata. Il segmento che li congiunge taglia poi il cerchio di centro C nei punti P'_1, e P'_2 che costituiscono sia i piedi degli assi dei costoloni di facciata che le tracce degli assi delle pilastrate interne. Non resta infine che completare il perimetro della facciata (osservando che, come a Ferrara, i punti A' e B' coincidono con i punti estremi del lato di fondo della pianta), e passare alla verifica dei risultati.

Allo scopo impiegheremo due criteri diversi: per la facciata procederemo alla sovrapposizione diretta del disegno della stessa con lo schema appena discusso, ottenendo un risultato che non dovrebbe lasciare dubbi sulla reciproca compatibilità (Fig. 40); mentre per la pianta, data la sua mancanza di regolarità, preferiamo affidare la verifica al confronto dei tre rapporti dimensionali più significativi, che riportiamo nel seguente prospetto:

	$\dfrac{A'A}{AB}$	$\dfrac{A''A}{AB}$	$\dfrac{AB}{P_1P_2}$
Secondo lo schema	2,43	1,91	2,463
Secondo i dati di misura diretta	2,433	-	2,489 (tra le pilastrate)
Secondo la lettura in scala sul disegno della pianta o della facciata	-	1,90	2,421 (tra i costoloni)

Il nesso intercorrente tra il duomo di Ferrara e quello di Modena va quindi oltre la pur evidente analogia formale esteriore, come ribadisce anche l'identica risoluzione geometrica dei protiri [a Modena, però, coerentemente riferibile all'esagono (Fig. 40)].

È evidente perciò che Nicholaus doveva possedere una profonda conoscenza della cattedrale di Lanfranco; ma, non essendovi a Modena traccia della sua mano, sembra da escludere che egli vi si potesse trovare negli anni della costruzione, anche se vi sono indizi (quali ad esempio gli stipiti del Portale dello Zodiaco) che sembrano implicare una sua precoce conoscenza dell'arte modenese.

Ci sembra comunque indubbio che egli ne dovesse possedere una conoscenza diretta, facilmente ammissibile del resto, se si accetta che egli abbia studiato il progetto modenese, forse addirittura con la guida di Lanfranco[21].

---

21 L'ipotesi di una definitiva permanenza di Lanfranco a Modena è basata sull'esistenza di un

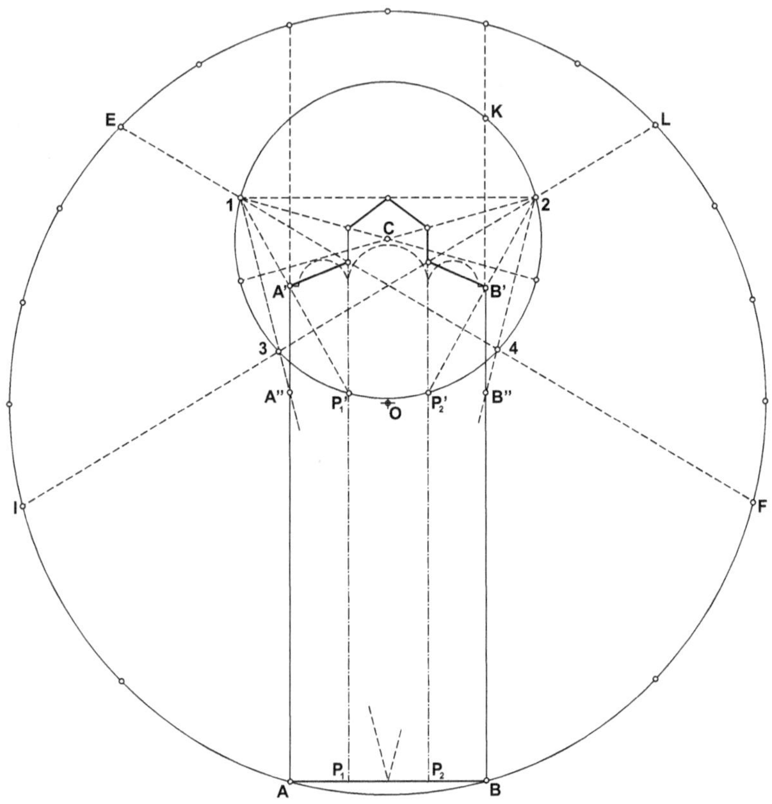

39. Il progetto geometrico-proporzionale complessivo della cattedrale di Modena

Nella rielaborazione che ne fece, però, sotto l'impulso del risorgente neoplatonismo, Nicholaus fu indotto ad apportare una radicale modifica al simbolismo della sua costruzione. Ed è in questo processo di aggiornamento simbolico che trova significato il passaggio del progetto dall'ambito del numero dodici quale era a Modena a quello

atto notarile del 1137 nel quale è nominato come teste un *magister Lanfrancus* che sembrerebbe identificabile con lo stesso architetto. Cfr. A. Peroni 1985 b, p. 144.

del numero dieci: il dodici, infatti, numero biblico e apocalittico, si associava spontaneamente ad un edificio ispirato al paradiso e alla Gerusalemme Celeste; mentre il dieci, numero del «tutto» per eccellenza nell'ottica platonico-pitagorica, non avrebbe potuto non sostituirlo nella progettazione di un edificio avente per modello l'intero universo.

Chiamato a Verona dopo la prova ferrarese, Nicholaus vi portò lo stesso bagaglio culturale platonico-pitagorico che aveva introdotto precedentemente a Ferrara e probabilmente, prima ancora, a Piacenza[22]. È infatti sempre sulla base di questi presupposti che ci sembrano interpretabili le modifiche apportate da Nicholaus alla chiesa di S. Zeno (1138).

La chiesa abbaziale di S. Zeno, fondata nel VI secolo al tempo di Teodorico, ha una storia complessa, segnata da numerose distruzioni e ricostruzioni[23]. Lo stesso Nicholaus, chiamato a dirigervi i lavori di ristrutturazione a partire dal 1138, forse aveva già partecipato ad un'altra breve campagna di lavori precedente, collocabile tra il 1120 e il 1123[24].

È assai interessante, accingendosi ad interpretare il significato degli interventi che la riguardano – definiti di *augmentatione* e di *renovatione* da una lapide posta nel fianco sud della chiesa e promossi più da intenti di riqualificazione iconografica che da esigenze di consolidamento statico[25] – mettere fin d'ora in evidenza il loro rapporto con l'affermazione dell'istituto comunale (che poté manifestarsi all'indomani della morte del feudatario conte Alberto

---

[22] I rapporti proporzionali correnti tra le dimensioni dei vani di ingresso dei portali piacentini sono uguali a quelli riscontrabili a Ferrara: 1,618 per il portale centrale e 2:1 per quelli laterali. Ancora il rapporto aureo governa le proporzioni del vano di ingresso del Portale dello Zodiaco secondo la ricostruzione della Verzar Bornstein (Fig. 23); mentre le dimensioni del portale di Modena stanno tra loro in rapporto di ottava (2:1).

[23] G. EDERLE, *La basilica di S. Zeno*, Verona, 1983.

[24] A. C. QUINTAVALLE 1985, pp. 197-200.

[25] A. CALZONA, *Niccolò a Verona: la facciata ed il protiro di S. Zeno, in Nicholaus e l'arte del suo tempo*, Atti del seminario tenuto a Ferrara dal 21 al 24 settembre 1981, Ferrara, 1985, p. 459.

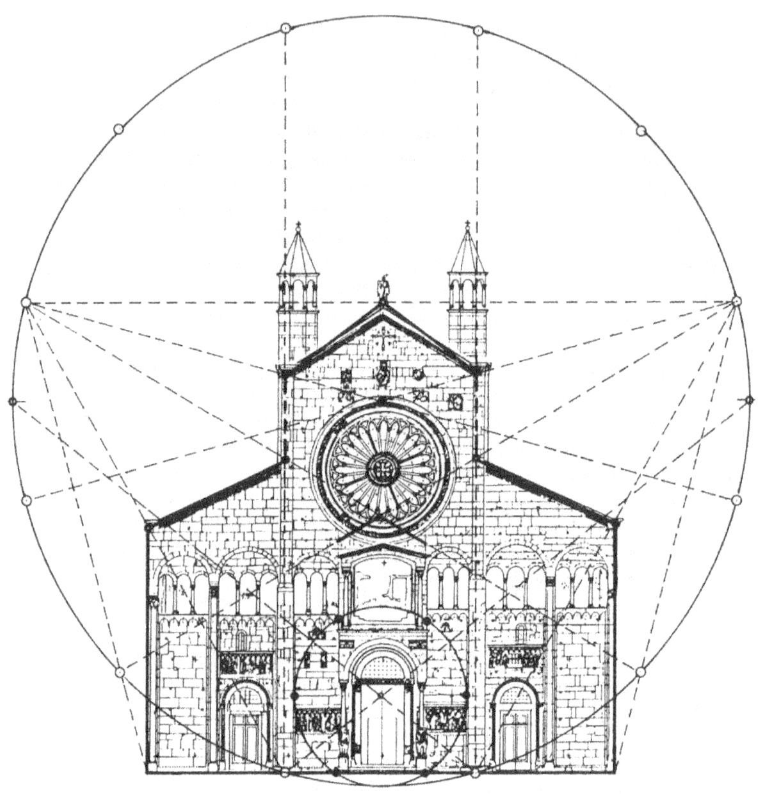

40. Sovrapposizione dello schema geometrico-proporzionale alla facciata attuale del duomo di Modena.

di Sanbonifacio, avvenuta nel 1135) e con l'ambiente della riforma, che fu sempre, lungo l'arco di tutta la sua carriera, il committente di Nicholaus.

La situazione politica veronese di quegli anni era in realtà più complessa di quella che abbiamo trovato a Ferrara, perché il popolo, almeno in parte, più che nei suoi *maiores* e *minores*, sembrava identificarsi nei rappresentanti della nobiltà che gravitavano attorno al vescovo di tradizionale nomina imperiale; almeno fino a quando la morte dell'ultimo Sanbonifacio non consentì il manifestarsi di un organo di rappresentanza popolare indipendente dal partito nobiliare. Tuttavia quest'ultimo mantenne ugualmente la sua rappresentatività e la sua influenza in città; per cui il duomo continuò ad essere il punto di riferimento per una parte soltanto della comunità veronese, la quale seppe però trovare ugualmente il suo punto di incontro attorno alla antica chiesa abbaziale dedicata al santo patrono. La rappresentazione scolpita nella lunetta del portale, ove S. Zeno riceve l'omaggio di fanti e cavalieri in rappresentanza della borghesia e della classe nobiliare consegnando loro «con cuore sereno», come dicono i versi leonini di commento, «un vessillo degno di essere difeso», è infatti la consacrazione simbolica di questo patto di unità posto sotto la protezione del santo[26].

Il rinnovamento della basilica, affidato a Nicholaus sullo slancio di questo spirito comunitario, consistette principalmente nell'allungamento del corpo della chiesa, ottenuto mediante la traslazione in avanti della facciata, che fu per questo necessariamente rifatta.

Ma mentre della facciata niccolesca sembra essere rimasto oggi ben poco a causa dei radicali interventi realizzati sul finire del XII secolo – che portarono anche all'inserimento della Ruota della Fortuna e al rimaneggiamento delle sculture, del portale e del protiro (in origine probabilmente a due livelli[27] – la pianta è rimasta la stessa elaborata da Nicholaus nel 1138 (Fig. 41).

Limiteremo perciò il nostro esame a quest'ultima, nella quale si nota chiaramente l'intervento di *augmentatione* inerente la parte verso la facciata, ove appare irregolarmente alterato il normale ritmico alternarsi di pilastri e colonne.

Questo fatto può apparire strano a prima vista, perchè l'alternanza avrebbe senz'altro potuto essere mantenuta: ma evidentemente

---

26 A. SAMARITANI 1985 b, pp. 655-657. Per il contesto storico si veda anche A. C. QUINTAVALLE 1985, pp. 191-194.

27 A. CALZONA 1985, p. 463; A. C. QUINTAVALLE 1985, p. 202.

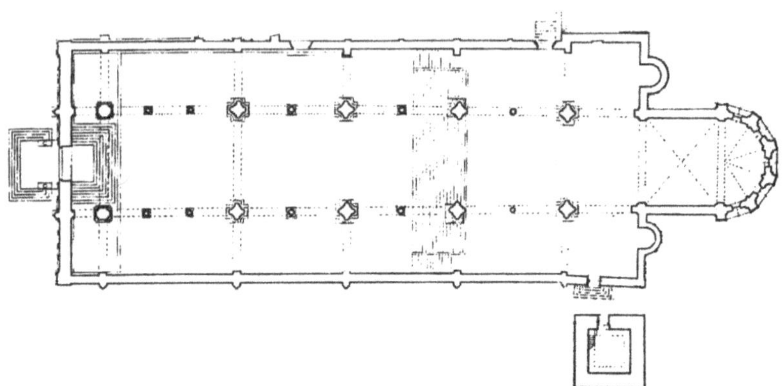

41.   Verona. Pianta della chiesa di S. Zeno.

Nicholaus volle realizzare, come già aveva fatto a Ferrara, una sorta di contrafforte di rinforzo alla facciata mediante il dimezzamento dell'ultima campata[28].

Quanto poi all'entità complessiva del prolungamento della pianta e alle dimensioni dell'abside (che riprende la forma composita di quella ferrarese), ci sembra di poter affermare che esse sono nuovamente riferibili alla geometria del decagono, come mostra la figura 42. Lo schema è evidentemente più semplice in questo caso al confronto con quelli esaminati fino ad ora: tuttavia il rispetto delle proporzioni che ne risultano, che impone una misura obbligata alla lunghezza complessiva, non sarebbe stato sufficiente a far alterare nella parte nuova il passo delle campate esistenti, se Nicholaus, come ci sembra, non avesse voluto realizzare anche qui come a Ferrara undici intervalli tra i sostegni delle pilastrate longitudinali: un numero che doveva possedere evidentemente un imprescindibile valore simbolico.

Per comprenderne il significato, trascurato nella breve rassegna numerologica del capitolo precedente, ci colleghiamo a una miniatura appartenente al Cod. 65 dell'Archivio Capitolare di Piacenza (foglio

---

28 Lo stesso artificio è presente anche nella cattedrale di Sens (iniziata nel 1135), che è considerata la prima chiesa di stile gotico.

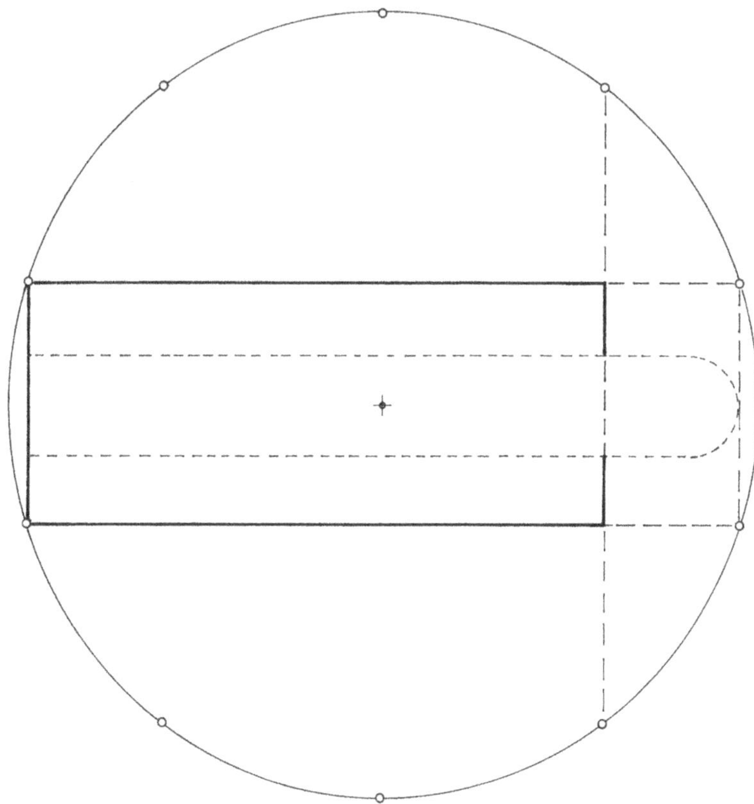

42. Lo schema geometrico-proporzionale della chiesa di S. Zeno a Verona.

c. 239 r.) (Tav. 28). Essa illustra l'evento che viene considerato l'atto di nascita della Chiesa: il momento della discesa dello Spirito Santo nel consesso degli undici Apostoli riuniti nel Cenacolo nel giorno di Pentecoste. Poiché gli Apostoli venivano considerati metaforicamente come le colonne della Chiesa[29], è probabile che Nicholaus inten-

[29] Circa questo concetto negli scritti dell'abate Suger, cfr. A. M. ROMANINI 1975, p. 35 e O. VON SIMSON 1962, p. 134. Inoltre alla strofa XV dell'Inno Siriaco sulla cattedrale di Edessa (Cod.

desse dar corpo proprio a questo simbolismo, pur usando, per traslato, gli intercolumni in luogo delle colonne e dei pilastri. Attraverso questo simbolismo, infatti, collegato all'evento della Pentecoste, si poteva alludere alla seconda fondazione della Chiesa promossa dalla riforma papale, di cui si attribuiva l'ispirazione all'intervento dello Spirito Santo[30].

Anche nella decorazione scultorea Nicholaus riprese i temi trattati a Ferrara, pur se in modo meno sincopato e astratto e con un più ampio uso di immagini, forse pensando alle lastre di Wiligelmo nella facciata di Modena.

In breve, egli demandò alla decorazione del protiro, con poche varianti (aggiunse i simboli dei Mesi nelle travi di imposta della volta e trasferì i telamoni al di sopra delle colonne), la trattazione della natura celeste di Cristo nelle stesse forme utilizzate in precedenza a Ferrara e a Piacenza, che ne pongono in risalto il carattere di Cosmocratore e di Cronocratore. Mentre nel sottostante portale (il cui rimaneggiamento ci sembra soprattutto dimensionale[31] egli rinunciò alla trattazione colta e dottrinaria incentrata sulla figura di Cristo *logos* incarnato, per realizzare una narrazione più consona al carattere della chiesa che, essendo posta sulla via che portava dalla Germania alla strada Romea, era tappa per i pellegrini che si recavano a Roma[32].

Troviamo così, oltre al bassorilievo della lunetta con la raffigurazione di S. Zeno di cui abbiamo parlato più sopra, una serie di scenette con i miracoli compiuti dal santo inserite nell'architrave[33]

Vat. Syr. 95, ff. 49-50), riportato in F. Passuello-M. G. Dissegna 1976, pp. 113-115, le undici colonne del bema vengono esplicitamente identificate proprio con gli undici Apostoli raccolti nel Cenacolo.

30 M. D. Chenu 1986, p. 288.

31 I lati del vano di ingresso stanno ora nel rapporto 1,333 (= 4:3) anziché 1,618 come probabilmente erano nella versione niccolesca (vedere nota 21). Per un ampio e approfondito studio del rimaneggiamento si veda tuttavia A. Calzona 1985.

32 A. Calzona 1985, p. 467.

33 *La composizione di una figura venerabile al centro, di grandi proporzioni, attorniata da scene minori che narrano la sua vicenda (...) ci è nota sino alla fine del Medioevo (...). Gli inizi di questo schema, che sarà tipicamente bizantino, risalgono assai indietro:*

e, ai due lati del portale, dei bassorilievi con le storie della *Genesi*, a destra (Vecchio Testamento) e della vita di Cristo, a sinistra (Nuovo Testamento), che, dietro l'immediatezza didascalica, sviluppano ancora il tema agostiniano dei due evi della storia connessi dalla venuta di Cristo (anche qui adombrato attraverso il simbolismo della porta).

A partire dal 1139-40, Nicholaus mise poi mano anche alle strutture del duomo di Verona. Non sappiamo quali interventi abbia progettato e realizzato: certamente aggiunse un doppio protiro alla facciata rielaborandovi anche il sottostante portale. Non abbiamo elementi per poter discutere dal punto di vista dimensionale questo lavoro che rappresenta la sua ultima opera conosciuta[34]; una stima a vista delle proporzioni ci fa però ritenere che egli abbia anche qui riproposto lo stesso modello e gli stessi contenuti di matrice neoplatonica che sembrano aver accompagnato tutta la sua carriera. Tuttavia i risultati qualitativi che egli raggiunse in questo lavoro (che presenta negli stipiti delle figure angolari assai simili a quelle che si trovavano nel portale di St.-Denis[35]) non sono più all'altezza delle sue opere precedenti, tra le quali si erge Ferrara, un'impresa di grande impegno che gli fece senza dubbio meritare a giusta ragione l'appellativo di *gnarus artifex*.

---

all'età di Adriano (117-138). R. Bianchi Bandinelli, *Dall'Ellenismo al Medioevo,* Roma, 1978, p. 117.

[34] Secondo M. Gosebruch 1985, p. 115, la bottega di Nicholaus, nel quarto decennio del XII secolo, operava ancora nella Bassa Sassonia per conto dell'imperatore Lotario II.

[35] Le sculture di St.-Denis furono distrutte nel 1771. Se ne conosce tuttavia l'aspetto grazie ai disegni pubblicati nel 1729 da B. de Montfaucon. Cfr. O. Von Simson 1962, p. 149.

I RAPPORTI PROPORZIONALI E ALTRE OSSERVAZIONI SUL PROGETTO

L'esame dei rapporti proporzionali, che a suo tempo avevamo rimandato per non interrompere la continuità del testo, ci offre ora anche l'occasione per approfondire ulteriormente il progetto.

Operando nell'ambito della geometria del decagono dovremo aspettarci di incontrare frequentemente il numero d'oro 1,618...; ma, oltre a esso e ai classici rapporti 1:1, 1:2, 2:3 e 3:4, troveremo anche altri valori di cui fino ad ora non abbiamo parlato.

Procedendo nella suddivisione degli intervalli armonici fondamentali, Pitagora aveva calcolato altri valori frazionari che, insieme ai primi, costituivano le sette note della sua scala musicale[1]. Ma nei secoli successivi, altri teorici ritennero necessario proporre alcune varianti alla scala pitagorica, sempre però mantenendo, come punti fermi, i rapporti armonici fondamentali di *diapson, diapente* e *diatessaron*. Tra questi Didimo (I sec. a.C.) e Tolomeo (II sec.) che, continuando nella progressione 1:1, 1:2, 2:3 e 3:4 introdussero i rapporti 4:5 e 5:6 (terza maggiore e terza minore) e 3:5 e 5:8 (sesta maggiore e sesta minore)[2] portando la scala pitagorica a modificarsi come segue:

---

[1] Circa il procedimento di formazione dell'ottava nella scala pitagorica cfr. P. Righini 1976, pp. 10-11.

[2] I rapporti 5:3 e 8:5, corrispondenti rispettivamente a 1,666 e 1,600 venivano considerati gli equivalenti musicali del numero d'oro. Cfr. O. Von Simson 1962, p. 211.

scala pitagorica	1	8:9	64:81	3:4	2:3	16:27	128:243	1:2
scala modificata	1	8:9	4:5	3:4	2:3	3:5	8:15	1:2
	DO	RE	MI	FA	SOL	LA	SI	DO

Con queste brevi ma necessarie premesse possiamo iniziare l'esame dei rapporti proporzionali intercorrenti tra le dimensioni della costruzione dopo aver precisato che le misure poste a corredo degli schemi che seguono sono tutte date in piedi ferraresi per la maggiore espressività delle cifre rispetto a quelle in metri, stante il fatto che la costruzione fu di fatto progettata e pensata in quella unità di misura.[3]

Riferendoci dunque innanzitutto alla Fig. 43 che riporta le principali misure della facciata, riscontriamo i seguenti risultati:

- il rapporto tra la larghezza e l'altezza complessive della facciata corrisponde ad una terza maggiore (esattamente se il vertice si trovasse a 80 piedi):

$$\frac{100}{79,66} = 1,255 \simeq 1,25 \qquad (5:4)$$

- l'altezza complessiva del doppio protiro è scomposta nel rapporto di sezione aurea dalla linea di imposta degli archetti del loggiato:

---

3   Debbo però ricordare che il progetto architettonico era stato concepito e realizzato con procedimenti puramente geometrici. I valori numerici che mi accingo a calcolare, per confrontarli con i numeri che caratterizzano il frazionamento dell'ottava della scala musicale, sono perciò soltanto un artificio per mostrare come quel procedimento, basato sulla geometria del decagono (e del pentagono), fosse in grado di "permeare" la costruzione di rapporti significativi. Ma, per operare con numeri espressi in forme decimali a noi consuete, mi sono preso una grossa licenza, che tuttavia non cambia la sostanza. Come si sa, il piede ferrarese era suddiviso in 12 once, mentre la parte frazionaria delle misure riportate sulle figure viene da me regolarmente espressa in termini decimali anziché duodecimali, ovvero come se il piede fosse diviso in 10 parti. Per cui, per esempio, l'espressione numerica corretta di un terzo della larghezza della facciata (Fig. 43) espressa in piedi, avrebbe dovuto essere scritta come 33 piedi e 4 once (essendo 1/3 di 12 uguale a 4), invece che 33,33 (dove la parte decimale corrisponde a 33 centesimi di piede). Oppure, l'altezza della parte inferiore del protiro (Fig. 44), che, in forma decimale, corrisponde al numero 16,50, in realtà, espressa secondo le unità di misura dell'epoca, sarebbe pari a 16 piedi e 6 once. Si vedano in C.B. Boyer, pp. 30 e 72, le ragioni per le quali nell'antichità si preferirono sistemi a basi 12 e 60 alla base 10.

$$\frac{51,30}{31,70} = 1,618$$

- il rapporto tra la quota d'imposta del loggiato e la misura di un terzo della facciata corrisponde al valore composto:

$$\frac{27}{33,33} = 0,810 = \frac{1,618}{2} = 1,618 + (1{:}2)$$

Passando poi alla Fig. 44 che riporta le misure del protiro e del portale, possiamo constatare che:
- il rapporto tra le dimensioni del vano di ingresso del portale centrale corrispondente alla sezione aurea:

$$\frac{12,47}{7,70} = 1,618$$

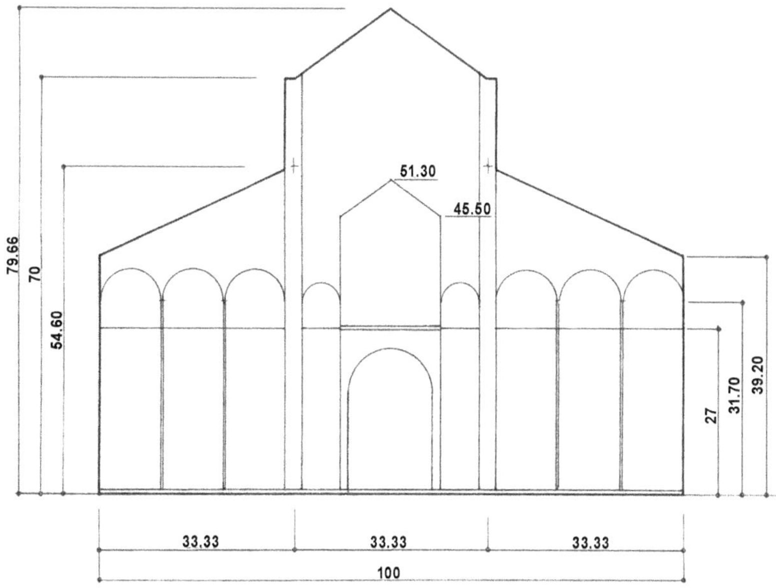

43. Ferrara. Schema della primitiva facciata del duomo con le misure in piedi ferraresi delle dimensioni principali.

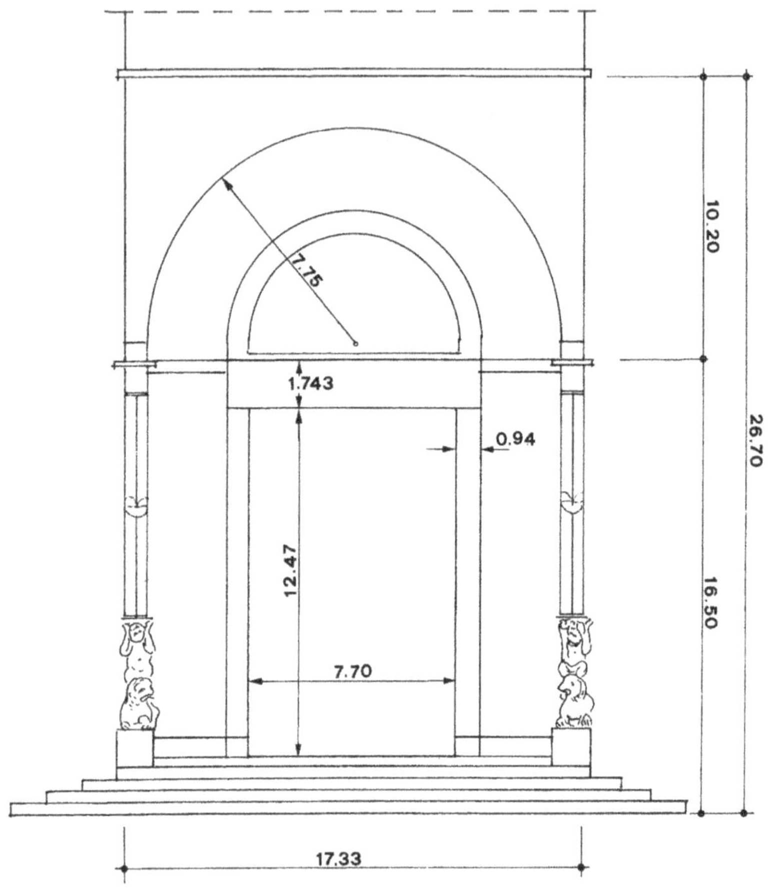

44. Ferrara. Schema della parte inferiore del portale centrale di facciata con le principali misure in piedi ferraresi.

- l'altezza della parte inferiore (romanica) del protiro resta divisa dalla linea superiore dell'architrave in due parti stanti tra loro nel rapporto di sezione aurea:

$$\frac{26,70}{16,50} = \frac{16,50}{10,20} = 1,618$$

- l'interasse tra i costoloni, rapportato alla larghezza del protiro, fornisce:

$$\frac{33,33}{17,33} = 1,923 = 1,6 \times 1,2 \qquad (8{:}5) + (6{:}5)$$

- le dimensioni del vano del portale, confrontate con la larghezza del protiro, danno:

$$\frac{17,33}{12,47} = 2,138 = 1,6 \times 1,333 \qquad (8{:}5) + (4{:}3)$$

$$\frac{17,33}{7,70} = 2,25 = 1,125 \times 2 \qquad (9{:}8) + (2{:}1)$$

Interessante per diversi motivi è poi la Fig. 45, che fornisce la ricostruzione proporzionale delle porte laterali di facciata a partire dal portale centrale. A questo scopo occorre innanzitutto tracciare l'orizzontale passante per il punto P, posto a quota 11,90 piedi (Fig. 10), e il cerchio avente il diametro di 10,50 piedi e il centro situato a quota 11,90:2 = 5,95 piedi, come mostra la figura. Quindi, divisi in quattro parti uguali i segmenti di lunghezza 10,50 piedi al di sopra e al di sotto del cerchio alle quote 11,90 e zero, si procede a congiungerli mediante delle linee oblique. Per intersezione col cerchio restano in tal modo individuati alcuni punti che consentono la ricostruzione dimensionale del vano di ingresso e delle cornici che lo inquadrano, con risultati pienamente confermati dalle misure dirette sul monumento.

Come si può osservare, la stessa costruzione fornisce anche la larghezza della porta al netto degli stipiti, corrispondente a 10,50:2 = 5,25 piedi (analogamente a quanto accade per il portale centrale ove tale dimensione corrisponde a metà della larghezza del protiro, 17,33:2 = 8,66 piedi)[4].

---

4   Come si può vedere dalla Fig. 45 la lunghezza delle due ali della facciata non corrisponde alla misura teorica di 33,33 piedi, ma soltanto a 33,20 piedi. La larghezza totale reale della facciata è perciò pari a 33,33 + (33,20x2) = 99,73 piedi, pari a m. 40,28, anziché a 100 piedi (si veda

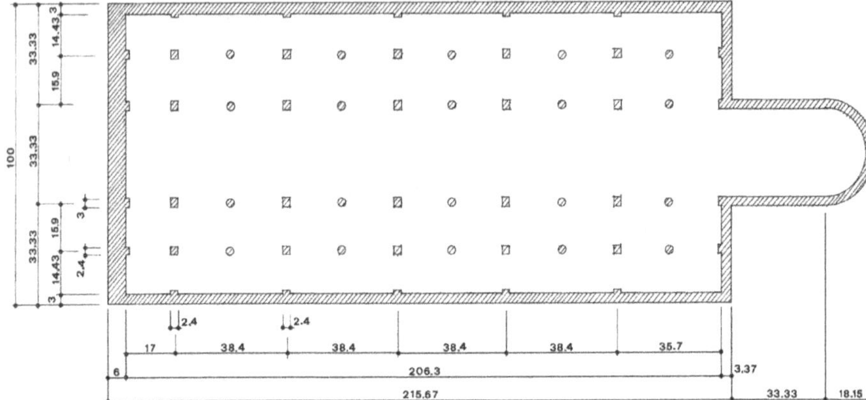

46. Ferrara. Schema della pianta primitiva del duomo con le misure in piedi.

Sulla base delle misure risultanti possiamo trarre che:
- il rapporto tra le dimensioni dei vani di ingresso delle porte laterali
corrisponde ad un'ottava:

$$\frac{9,33}{4,66} = 2 \qquad (2:1)$$

- il rapporto tra la larghezza dell'architrave e la larghezza degli stipiti
corrisponde ancora ad un'ottava:

$$\frac{1,285}{0,641} = 2 \qquad (2:1)$$

- la variazione di larghezza al netto e al lordo degli stipiti, sia per il
portale centrale che per i portali laterali, corrisponde ad un tono:

$$\frac{5,25}{4,66} = 1,125 \qquad (9:8)$$

---

la Tab. I di pag. 18). Per ottenere la misura teorica sarebbe stato sufficiente realizzare di 0,833 piedi (ovvero 5:6 di piede), invece che di 0,7, la modanatura "a scalino" a ridosso del costolone, mantenendo immutato tutto il resto. Poiché questa sostituzione non avrebbe comportato alcun inconveniente, l'adozione di 0,7 piedi in luogo di 0,833 ci appare inspiegabile.

$$\frac{8,66}{7,70} = 1,125 \qquad (9{:}8)$$

Passando poi alla pianta (Fig. 46), ci sembra che il solo valore significativo sia fornito dal rapporto tra lunghezza e larghezza, escluso il corpo absidale:

$$\frac{215,67}{100} = 2,156 = 1,333 \times 1,618 \qquad (4{:}3) + 1,618$$

Concludiamo infine con le sezioni (Fig. 47), da cui si traggono i seguenti risultati:

- il rapporto tra la quota del soffitto e l'ampiezza della campata (da asse ad asse) equivale praticamente al numero d'oro[5], allo stesso modo di quello tra la quota del fregio marcapiano che funge da linea di imposta alle trifore del falso matroneo e la metà dell'ampiezza della campata:

$$\frac{62,30}{38,40} = 1,622 \simeq 1,618 \qquad\qquad \frac{31,15}{38,40 : 2} = 1,622 \simeq 1,618$$

- la parete interna è scomposta, in senso altimetrico, secondo i seguenti rapporti significativi:

$$\frac{62,30}{31,15} = 2 \qquad (2{:}1)$$

$$\frac{62,30}{41,35} = 1,5 \qquad (3{:}2)$$

$$\frac{41,35}{31,15} = 1,33 \qquad (4{:}3)$$

- il rapporto tra la quota di imposta degli archi acuti longitudinali e la luce netta della semicampata corrisponde ad una quarta:

---

5   Si noti che questo risultato rende comprensibile la scelta, che avevamo giudicato «non naturale», pur potendola spiegare geometricamente, della scansione non costante in senso longitudinale del corpo della chiesa.

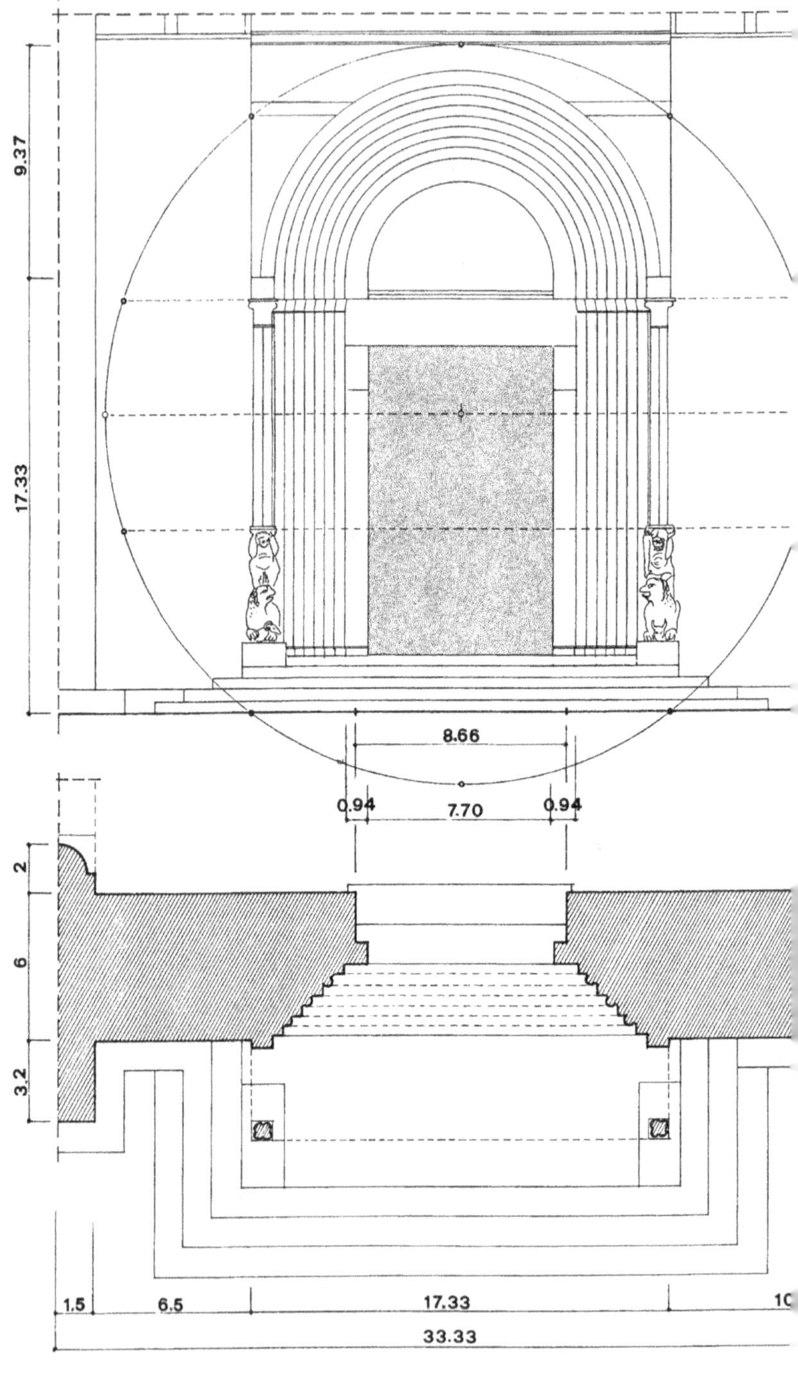

45. Ferrara. Procedimento proposto per la derivazione dimensionale dei portali later

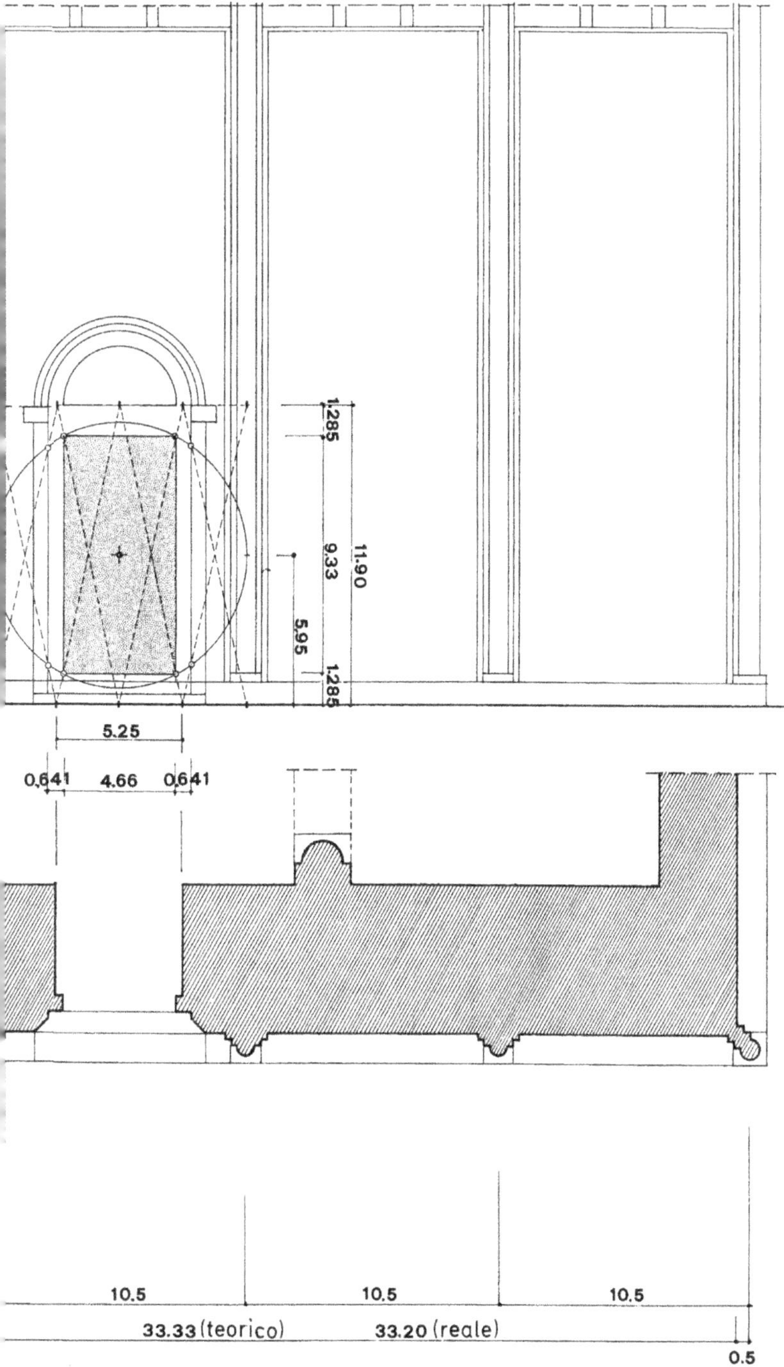

facciata dal portale centrale. Le misure sono espresse in piedi ferraresi.

$$\frac{20,30}{15,10} = 1,33 \qquad (4{:}3)$$

Può comunque essere interessante constatare che anche le figure dell'apparato scultoreo sono state realizzate tenendo conto delle proporzioni tra le parti: fatto che conferma la concezione di equivalenza tra macrocosmo e microcosmo che sta alla base, come si è detto, delle teorie proporzionali in architettura dai greci in poi.

Se esaminiamo ad esempio il profeta Geremia (Fig. 48) e le altre figure angolari dello strombo, scopriamo che è stato utilizzato il criterio proporzionale della statuaria classica, il quale prevedeva che l'altezza complessiva della figura fosse scomposta secondo il rapporto aureo dalla orizzontale passante per l'ombelico e coincidente, come nel nostro caso, con la retta tangente inferiormente al gomito del braccio flesso[6]: esattamente lo stesso utilizzato pochi anni dopo anche per le figure angolari del portale della cattedrale di Chartres[6].

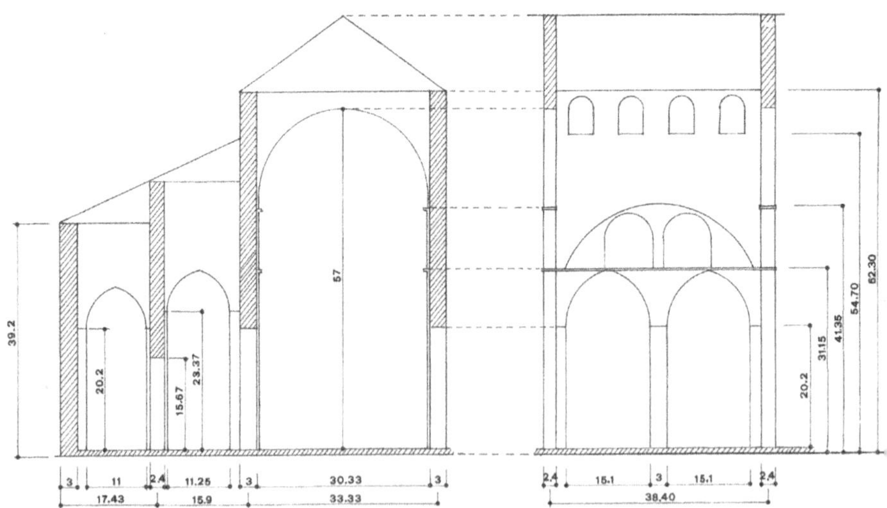

47.   Ferrara. Schema delle sezioni primitive del duomo con le principali misure espresse in piedi

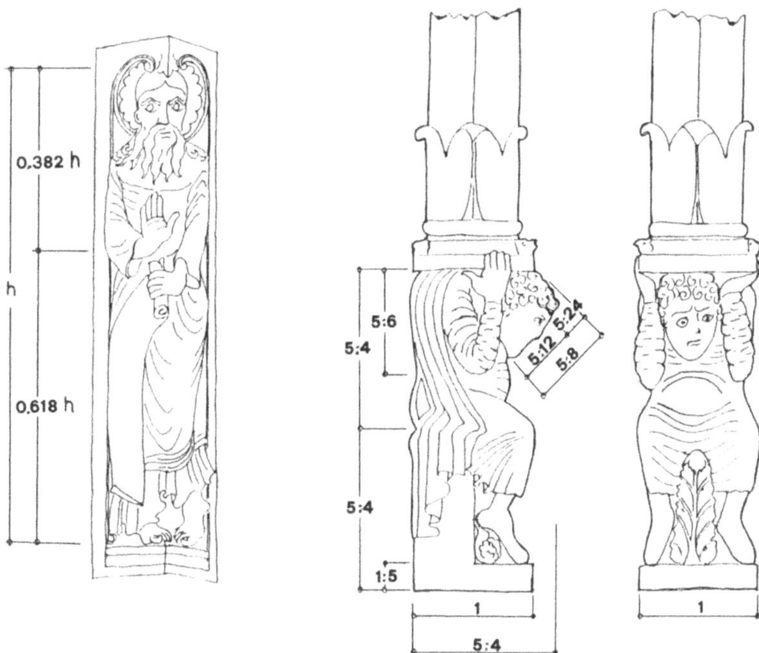

48. Ferrara. Il profeta Geremia. L'altezza complessiva della figura è scomponibile secondo il rapporto di sezione aurea.

49. Ferrara: Telamone stiloforo del protiro. Le misure indicate sono in piedi ferraresi.

Passando poi a uno dei due telamoni del protiro (Fig. 49), possiamo constatare che esso è stato realizzato con una scansione metrica avente per modulo il lato della base quadrata della figura stessa, corrispondente ad un piede ferrarese (m. 0,4039). In questo caso non compare però il rapporto aureo; né la suddivisione della testa osserva

---

5   Cfr. W. TATARKIEWICZ 1979, vol. I, pp. 100-102 e P. FRIGERIO, *Appendice prima,* in G. REALE 1987, p. 676 e 694-704.

6   Cfr. O. VON SIMSON 1962, p. 155 e Fig. 22 b.

la regola vitruviana (Libro III, Capo I): il viso occupa infatti i due terzi dell'intera testa anziché i suoi quattro quinti. Fatto, questo, che ci porta a concludere che Vitruvio non doveva ancora essere stato riscoperto o, quanto meno, che non godeva ancora dell'indiscusso valore normativo che avrebbe acquisito più tardi, nel corso del periodo rinascimentale.

BIBLIOGRAFIA

BIBLIOGRAFIA

BECHMANN R., *Le radici delle cattedrali*, Marietti, Casale Monferrato, 1984 (titolo originale: *Les racines des cathédrales*, 1981).

BENOIST L., *Segni, simboli, miti*, Garzanti, Milano, 1976 (titolo originale: *Signes, symboles et mythes*, 1975).

BENTINI J. (a cura di), *Il restauro del protiro della cattedrale di Ferrara*, «Quaderni della Soprintendenza per i beni artistici e storici per le provincie di Bologna, Ferrara, Forlì e Ravenna», Alfa, Bologna, 1982.

BERTONI G., *La fondazione della cattedrale di Ferrara e l'iscrizione del 1135*, in *La Cattedrale di Ferrara (1135-1935)*, Mondadori, Verona, 1937, pp. 129-137.

BIANCHI BANDINELLI R., *Dall'Ellenismo al Medioevo*, Ed. Riuniti, Roma, 1978.

BISI A., *Indagine conoscitiva e comparativa della facciata della cattedrale di Ferrara*, «La Pianura» (Ottobre e Novembre/Dicembre 1971).

BONDANINI A., *Il rilievo del duomo di Ferrara di G.B. Aleotti e G. Roscello*, «Atti e memorie della Deputazione Provinciale Ferrarese di Storia Patria», s. 3a, 29 (1981), pp. 91-108.

BURCKHARDT T., *L'arte sacra in Oriente e in Occidente*, Rusconi, Milano, 1976 (titolo originale: *Principes et Méthodes de l'Art Sacré*, 1974).

CALZONA A., *Niccolò a Verona: la facciata ed il protiro di S. Zeno*. In *Nicholaus e l'arte del suo tempo*, Corbo, Ferrara, 1985, pp. 441-489.

CAMPANA A., *La testimonianza delle iscrizioni*, in *Lanfranco e Wiligelmo. Il Duomo di Modena*, Panini, Modena, 1985, pp. 363-373.

CAPUTO M., CAPUTO V., *La sismicità storica e l'origine della cattedrale di Ferrara*, in *La Cattedrale di Ferrara*, S.A.T.E., Ferrara, 1982, pp. 691-699.

CARPENTER R., *Gli architetti del Partenone*, Einaudi, Torino, 1979 (titolo originale: *The Architects of the Parthenon*, 1970).

CASARI A., *Osservazioni sulla planimetria del Duomo di Modena: Lanfranco, i quadrati, le diagonali*, in *Lanfranco e Wiligelmo. Il Duomo di Modena*, Panini, Modena, 1985, pp. 223-226.

CASTAGNOLI G., *Il Duomo di Ferrara*, Taddei, Ferrara, 1895.

CASTELNUOVO E., *Flores cum beluis comixtos: i portali della cattedrale di Modena*, in *Lanfranco e Wiligelmo, Il Duomo di Modena*, Panini, Modena, 1985, pp. 452-469.

CHENU M.D., *La teologia nel XII secolo*, Jaka Book, Milano, 1986 (titolo originale: *La théologie au douzième siècle*, 1976).

COCHETTI PRATESI L., *La decorazione plastica della Cattedrale di Piacenza*, in *Il duomo di Piacenza. 1122-1972*, a cura della Deputazione di storia patria di Piacenza e del comitato per le celebrazioni dell'850° anniversario della fondazione della Cattedrale, Piacenza, 1975, pp. 53-72.

—, *Quesiti sulla discendenza niccoliana*, in *Nicholaus e l'arte del suo tempo*, Corbo, Ferrara, 1985, pp. 375-405.

COMITATO DIOCESANO DI MODENA (a cura del), *Orientamenti per una lettura catechetico-liturgica dell'architettura e della scultura della cattedrale di Modena*, in *Lanfranco e Wiligelmo. Il duomo di Modena*, Panini, Modena, 1985, pp. 651-656.

Davy M.-M., *Introduction à la Symbolique romane*, Flammarion, Paris, 1977.

De Champeaux G., Sterckx S., *I simboli del Medioevo*, Jaca Book, Milano, 1981 (titolo originale: *Introduction au monde des symboles*, 1972).

Duby G., *L'arte e la società medioevale*, Laterza, Bari, 1977 (titolo originale: *Adolescence de la chrétienté occidentale, 980-1140; L'Europe des cathédrales, 1140-1280; Fondements d'un nouvel humanisme, 1280-1440*, 1966-67).

Durliat M., *Nicholaus et Gilabertus*, in *Nicholaus e l'arte del suo tempo*, Corbo, Ferrara, 1985, pp. 151-166.

—, *Saint-Sernin de Toulouse*, Eché, Toulouse, 1986.

Ederle G., *La basilica di S. Zeno*, Vita Veronese, Verona, 1983.

Eliade M., *Storia delle credenze e delle idee religiose*, 3 voll., Sansoni, Firenze, 1979-1980-1983 (titolo originale: *Histoire des croyances et des idées religieuses*, 3 voll., 1975-1978-1983).

Ferrari L., *La Porta dello Zodiaco e gli inizi di Niccolò alla Sacra di S. Michele*, «Bollettino Società Piemontese di architettura e belle arti», n.s. anno XIX (1965), pp.21-34.

Foot Moore G., *Il Cristianesimo*, Laterza, Bari, 1964 (titolo originale: *A History of religions*, 1920).

Fossier R., *Storia del Medioevo, II: Il risveglio dell'Europa (950-1250)*, Einaudi, Torino, 1985 [titolo originale: *Le Moyen Age, II: L'éveil de l'Europe (950-1250)*, 1982].

Frankfort H., *Arte ed Architettura dell'Antico Oriente*, Einaudi, Torino, 1970 (titolo originale: *The Art and Architecture of the Ancient Orient*, 1956).

Frigerio P., *Appendice prima*, in G. Reale, *Per una nuova interpretazione di Platone*, Vita e Pensiero, Milano, 1987, pp. 671-704.

FRUGONI C., *Le lastre veterotestamentarie di facciata*, in *Lanfranco e Wiligelmo. Il duomo di Modena*, Panini, Modena, 1985, pp. 422-431.

FUBINI E., *L'estetica musicale dall'antichità al Settecento*, Einaudi, Torino, 1976.

GANDOLFO F., *I programmi decorativi dei protiri di Niccolò*, in *Nicholaus e l'arte del suo tempo*, Corbo, Ferrara, 1985 a, pp. 515-559.

—, *Il protiro romanico: nuove prospettive di interpretazione*, «Arte medievale», n. 2, Viella, Roma, 1985 b, pp. 67-76.

GARFAGNINI G.C. (a cura di), *Cosmologie medievali*, Loescher, Torino, 1978.

GHIRSHMAN R., *Arte persiana: Parti e Sassanidi*, Rizzoli, Milano, 1962 (titolo originale: *Iran-Parthes et Sassanides*, 1962).

GHYKA M., *Le nombre d'or*, 2 voll., Gallimard, Paris, 1959.

GIACARDI L., ROERO S., *La matematica nelle società antiche*, Stampatori Didattica, Torino, 1979.

GIEDION S., *Le origini dell'architettura*, Feltrinelli, Milano, 1969 (titolo originale: *The Beginnings of Architecture*, 1964).

GIGLI A., *Per una tipologia dei portali romanici piacentini*, «Bollettino storico piacentino», 2 (1982), pp. 139-161.

—, *Introduzione ai restauri dell'apparato plastico dei portali della cattedrale di Piacenza*, in *Nicholaus e l'arte del suo tempo*, Corbo, Ferrara, 1985, pp. 285-308.

GOLINELLI F., *Cultura e religiosità a Modena e Nonantola nell'alto e pieno Medioevo*, in *Lanfranco e Wiligelmo. Il duomo di Modena*, Panini, Modena, 1985, pp. 121-128.

GOSEBRUCH M., *L'arte di Nicholaus nel quadro del romanico europeo*, in *Nicholaus e l'arte del suo tempo*, Corbo, Ferrara, 1985, pp. 113-149.

HANI J., *Le Symbolisme du Temple Chrétien*, Éditions de la Maisnie, Paris, 1962.

—, *Il segno della croce*, in RIES J. (a cura di), *I simboli nelle grandi religioni*, Jaka Book, Milano, 1988, pp. 47-65 (titolo originale: *Le simbolisme dans le culte des grandes religions*, 1985).

HASELBERGER L., *I progetti di costruzione del tempio di Apollo a Didime*. «Le Scienze», 210 (1986), pp. 96-106.

HONOUR H., FLEMING J., *Storia universale dell'arte*, Laterza, Bari, 1982 (titolo originale: *World History of Art*, 1982).

JAMMER M., *Storia del concetto di spazio*, Feltrinelli, Milano, 1974 (titolo originale: *Concepts of Space. The History of Theories of Space in Phisics*, 1954).

KÀROLYI O., *La grammatica della musica. La teoria, le forme, gli strumenti musicali*, Einaudi, Torino, 1969 (titolo originale: *Introducing Music*, 1965).

KRAUTHEIMER R., *Architettura paleocristiana e bizantina*, Einaudi, Torino, 1986 (titolo originale: *Early Christian and Bizantine Architecture*, 1965).

—, *Tre capitali cristiane*, Einaudi, Torino, 1987 (titolo originale: *Three Christian Capitals*. Topography and Politics, 1983).

KUBACH H.E., *Architettura romanica*, Electa, Milano, 1978.

LLOYD S., MULLER D., *Architettura delle origini*, Electa, Milano, 1980.

MC CLUNG W.A., *Dimore celesti*, Mulino, Bologna, 1987 (titolo originale: *The architetture of Paradise, Survivals of Eden and Jerusalem*, 1983).

MÂLE E., *Le origini del gotico*, Jaka Book, Milano, 1986 (titolo originale: *L'art religieux du XIII siècle en France. Etude sur l'iconographie du Moyen Age et sur ses sources d'inspiration*, 1898).

MILHAU D. (a cura di), *Les grandes etapes de la sculpture romane toulousaine*, Ville de Toulouse-Musée des Augustins, Toulouse, 1971.

MOESSEL E., *Die Proportion in Antike und Mittelalter*, München, 1926.

MOTTE A., *Il simbolismo dei banchetti sacri in Grecia*, in RIES J. (a cura di), *I simboli nelle grandi religioni*, Jaka Book, Milano, 1988, p. 139-155 (titolo originale: *Le symbolisme dans le culte des grandes religions*, 1985).

NORBERG-SCHULZ C., *Significato dell'architettura occidentale*, Electa, Milano, 1974.

NUOVISSIMA versione della Bibbia dai testi originali, Ed. Paoline, Roma 1983.

PAGELLA E., *Et super capita columnarum opus in modum lilii posuit (1 Re, 7-23): i capitelli della facciata*, in *Lanfranco e Wiligelmo. Il duomo di Modena*, Panini, Modena, 1985, pp. 470-490.

PANOFSKY E., *La storia della teoria delle proporzioni del corpo umano come riflesso della storia degli stili*, in *Il significato nelle arti visive*, Einaudi, Torino, 1962, pp. 59-106 (titolo originale: *Meaning in the Visual Arts. Papers in and on Art History*, 1955).

—, *Suger abate di Saint-Denis*, in *Il significato nelle arti visive*, Einaudi, Torino, 1962, pp. 107-145 (titolo originale: *Meaning in the Visual Arts. Papers in and on Art History*, 1955).

PARROT A., *Il Tempio di Gerusalemme*, Ed. Paoline, Roma, 1973 (titolo originale: *Le Temple de Jérusalem*, 1962).

PASQUINELLI A. (a cura di), *I presocratici: frammenti e testimonianze*, Einaudi, Torino, 1976.

PASSUELLO F., DISSEGNA M.G., *I mausolei imperiali romani, Templi del Sole*, Le Monnier, Firenze, 1976.

PATITUCCI UGGERI S., *Sviluppo topografico di Ferrara nell'Alto Medioevo*, in AA.VV., *La Cattedrale di Ferrara*, S.A.T.E., Ferrara, 1982, pp. 23-58.

PATRUNO F., *Sugerio e S. Bernardo: una polemica teologica ed estetica. Per una storia dell'estetica benedettina*, «Analecta Pomposiana», 6 (1981), pp. 267-288.

PEJAKOVIĆ M., *Le pietre e il sole. Architettura e astronomia nell'Alto Medioevo*, Jaka Book, Milano, 1988 (titolo originale: *Starohrvatska sakralna arhitektura*, Zagabria 1982).

PELIKAN J., *Gesù nella storia*, Laterza, Bari, 1987 (titolo originale: *Jesus trought the Centuries*, 1985).

PENCO G., *Storia della Chiesa in Italia. Vol I: Dalle origini al Concilio di Trento*, Jaka Book, Milano, 1977.

PERONI A., *Per il ruolo di Niccolò nell'architettura*, in *Nicholaus e l'arte del suo tempo*, Corbo, Ferrara, 1985, pp. 257-282.

—, *L'architetto Lanfranco e la struttura del duomo*, in *Lanfranco e Wiligelmo. Il duomo di Modena*, Panini, Modena, 1985, pp. 143-163.

—, *I cantieri delle cattedrali*, in *Le sedi della cultura nell'Emilia Romagna: l'età comunale*, Silvana Editoriale, Milano, 1984, pp. 195-237.

PLATONE, *Timeo*, in *Opere Complete*, vol. VI, Laterza, Bari, 1984, pp. 347-446.

QUINTAVALLE A.C., *Niccolò architetto*, in *Nicholaus e l'arte del suo tempo*, Corbo, Ferrara, 1985, pp. 167-256.

RAGGHIANTI C.L., *Iconologia fallace*, «Critica d'Arte», 9 (1986), p.11.

REALE G., *Per una nuova interpretazione di Platone*, Vita e Pensiero, Milano, 1987.

REBECCHI F., *Il reimpiego di materiale antico nel duomo di Modena*, in *Lanfranco e Wiligelmo. Il duomo di Modena*, Panini, Modena, 1985, pp. 319-334.

REGHINI A., *Per la restituzione della geometria pitagorica*, Ignis, Roma, 1935.

—, *La tradizione pitagorica massonica*, Fratelli Melita, Genova, 1988.

RIGHINI P., *La musica greca. Analisi storico-tecnica*, Zanibon, Padova, 1976.

—, *L'acustica per il musicista. Fondamenti fisici della musica,*. Zanibon, Padova, 1978.

ROBERTI A., *La Cattedrale nella storia e nella simbologia liturgica medioevale*, in *La Cattedrale di Ferrara (1135-1935)*, Mondadori, Verona, 1937, pp. 47-90.

ROBIN L., *Storia del pensiero greco*, Mondadori, Milano 1978 (titolo originale: *La pensée grecque et les origines de l'esprit scientifique*, s.d.)

ROMANINI A.M., *La Cattedrale di Piacenza dal XII al XIII secolo*, «Bollettino storico piacentino», 1 (1956), pp. 1-45.

—, *Per una «interpretazione» della cattedrale di Piacenza*, in *Il duomo di Piacenza 1122-1972*, a cura della Deputazione di storia patria di Piacenza e del comitato per le celebrazioni dell'850° anniversario della fondazione della cattedrale, Piacenza, 1975, pp. 21-51.

SAMARITANI A., *Religione fra società, politica e istituzioni nella Ferrara della nuova cattedrale (1130-1177)*, in *La cattedrale di Ferrara*, S.A.T.E., Ferrara, 1982, pp. 59-177.

—, *Vita religiosa tra istituzioni e società a Ferrara prima e dopo il Mille (secc. IX-XII inc.)*, «Analecta pomposiana», 10 (1985 a), pp. 15-108.

—, *Società cultura ed istituzioni sulle vie di Nicholaus*, in *Nicholaus e l'arte del suo tempo*, Corbo, Ferrara, 1985 b, pp. 645-665.

TATARKIEWICZ W., *Storia dell'estetica*, 3 voll., Einaudi, Torino, 1979 (titolo originale: *History of Aesthetics*, 3 voll., 1970).

TAVOLARO A., *Le favole del cielo*, in *Miscellanea di Studi Pugliesi n. 2*, Scheria editrice, Bari, 1988.

VALTIERI S., *Proporzioni dell'architettura e proporzioni musicali*, «L'architettura», 191 (1971), pp. 336-344.

VASINA A., *Ferrara e Ravenna tra Papato ed Impero nel XII secolo*, in *La cattedrale di Ferrara*, S.A.T.E., Ferrara, 1982, pp. 179-197.

VERZAR BORNSTEIN C., *Nicholaus's Sculptures in Context*, in *Nicholaus e l'arte del suo tempo*, Corbo, Ferrara, 1985, pp. 331-373.

VITRUVIO, *De Architettura*, trad. U. Fleres, 2 voll., Milano, 1933.

VON SIMSON O., *The Gothic Cathedral*, Princeton University Press, Princeton and London, 1962 (trad. it.: *La cattedrale gotica*, Mulino, Bologna 1988).

WITTKOWER R., *Principi architettonici nell'età dell'Umanesimo*, Einaudi, Torino, 1964 (titolo originale: *Architectural Principles in the Age of Humanism*, 1962).

—, *Allegoria e migrazione dei simboli*, Einaudi, Torino, 1987.

ZANICHELLI G.Z., *Iconologia di Niccolò a Ferrara*, in *Nicholaus e l'arte del suo tempo*, Corbo, Ferrara, 1985, pp. 561-605.

ZULIANI F., *Nicholaus, Venezia e Bisanzio.* in *Nicholaus e l'arte del suo tempo*, Corbo, Ferrara, 1985, pp. 491-513.

TAVOLE FOTOGRAFICHE

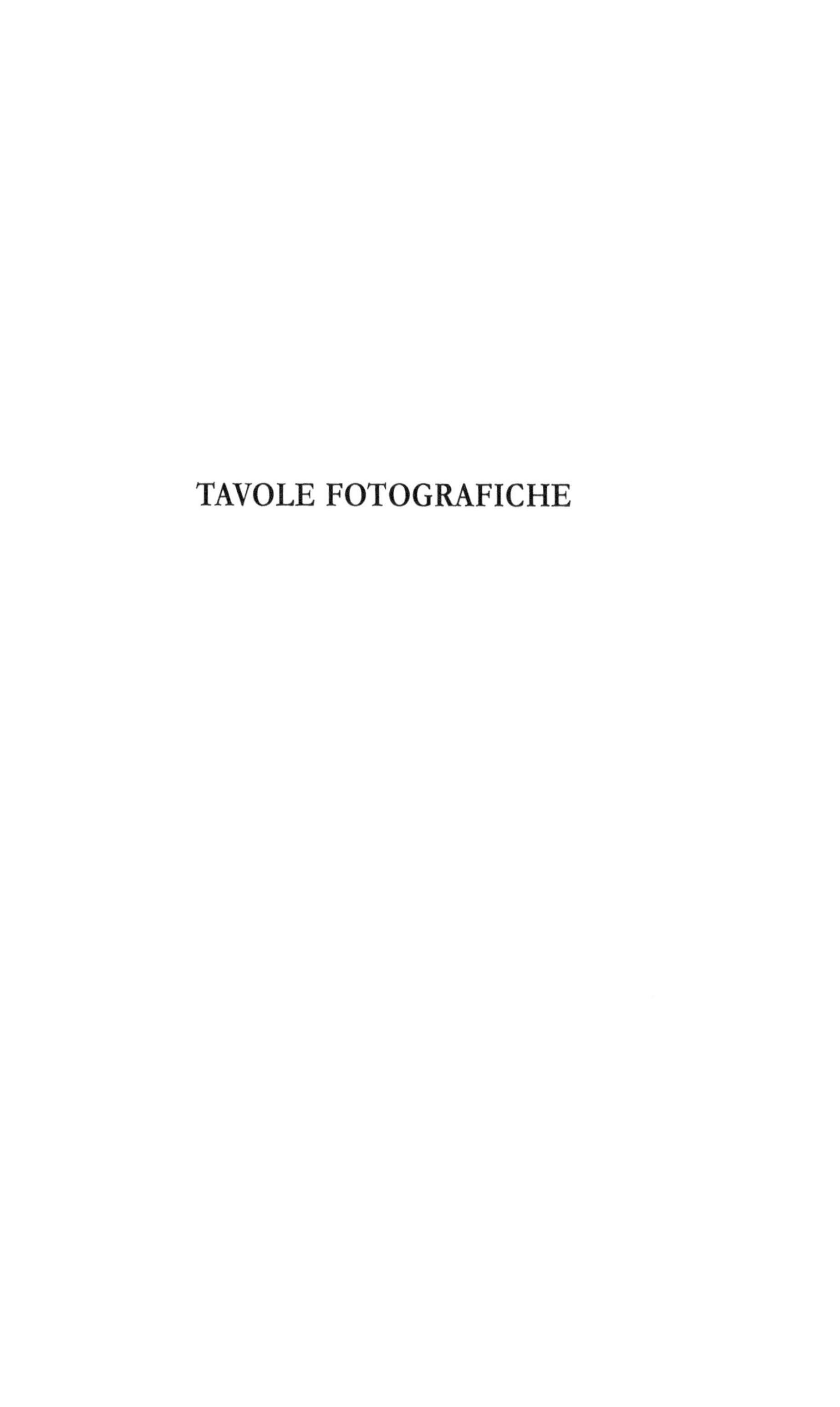

1. Ferrara. La facciata attuale della cattedrale (foto M. Occhi).

2.   Tolosa. La Porta Miègeville della chiesa di St.-Sernin.

3. Piacenza. Il portale centrale di facciata della cattedrale (foto F.lli Manzotti).

4.   Modena. Il portale centrale della facciata della cattedrale (foto R. Urro).

5. Ferrara. La parte inferiore del protiro (foto M. Occhi).

6.   Ferrara. Il portale sud della facciata con la mano nimbata del Creatore (foto M. Occhi).

7. Ferrara. L'architrave e la lunetta del portale centrale. Sull'architrave episodi della vita di Cristo. Da sinistra: visitazione, natività, annuncio ai pastori, adorazione dei Magi (doppia), presentazione al Tempio, fuga in Egitto, battesimo (foto M. Occhi).

8. Piacenza. Gli architravi dei portali laterali di facciata con episodi della vita di Cristo. In alto, quello dell'architrave di destra, attribuito a Nicholaus, con, da sinistra: presentazione al Tempio, fuga in Egitto, battesimo e tre episodi delle tentazioni di Cristo ad opera del demonio In basso quello del portale di sinistra, opera di uno scultore wiligelmico, sul quale sono rappresentati, da sinistra: annunciazione, visitazione, natività (doppia), annuncio ai pastori, adorazione dei Magi (doppia).

9.   Ferrara. Uno stipite strombato del portale (foto M. Occhi).

10a. La figura di S. Giovanni Battista nella versione ferrarese (foto M. Occhi).

10b. La figura di S. Giovanni Battista nella versione piacentina (foto R. Urro).

11. Ferrara. Le figure "angolari" dello stipite sinistro: a sinistra Daniele e, a destra, rispettivamente in alto e in basso, l'arcangelo Gabriele e Geremia (foto R. Urro).

12. Tolosa. Le figure "angolari" della distrutta sala capitolare della chiesa di St. Etienne, conservate al Museo des Augustins.

13. Ferrara. Nicholaus, l'Adorazione dei Magi (foto M. Occhi).

14. Nonantola. Wiligelmo (?), l'Adorazione dei Magi.

15. Piacenza. Scultore wiligelmico, l'Adorazione dei Magi (foto F.lli Manzotti).

16. Piacenza. Archivio Capitolare. l'Adorazione dei Magi - Cod. 65, folio c. 232v (foto F.lli Manzotti).

17. Ferrara. Nicholaus, la Natività (foto R. Urro).

18. Piacenza. Archivio Capitolare, la Natività - Cod. 65, folio c. 228v (foto F.lli Manzotti).

19. Ferrara. Nicholaus, l'Annuncio ai pastori (foto R. Urro).

20. Piacenza. Archivio Capitolare, l'Annuncio ai pastori - cod. 65, folio c. 229r (foto F.lli Manzotti).

21.   Verona. La lunetta del portale centrale del duomo (foto R. Urro).

22.   Ferrara. Leoni e telamoni stilofori del portale di facciata.

23. Ferrara. Il mascherone posto al vertice del fregio a tralci abitati che avvolge la lunetta con S. Giorgio trionfante (foto M. Occhi).

24. Modena. Il mascherone posto al centro dell'architrave (foto R. Urro).

25. Lomello (PV). Chiesa abbaziale di S. Maria, interno (foto B. Balestrini).

26. Jumièges. Chiesa abbaziale di Notre-Dame, stato attuale.

27. Modena. La facciata del duomo (foto R. Urro).

28. Piacenza. Archivio Capitolare, la Pentecoste - Cod. 65, folio c. 239r (foto F.lli Manzotti).

INDICE

Indice

Finito di stampare nel mese di gennaio 2017
da Rotomail Italia S.p.A.
Printed in Italy

www.ingramcontent.com/pod-product-compliance
Lightning Source LLC
LaVergne TN
LVHW011009200726
843509LV00011B/1023